아동환경
디 자 인

ENVIRONMENT DESIGN
FOR CHILDREN

아동환경
디 자 인

최목화·변혜령·최령 지음

교문사

머리말

'한 아이를 키우려면 온 마을이 필요하다'는 아프리카 속담이 있다. 그만큼 어린아이를 건강한 성인으로 자라게 하기 위해서는 한 가정뿐 아니라 사회 전체가 모두 협력하여 아이의 성장에 필요한 환경을 제공하도록 함께 노력해야 함을 뜻하는 말로 이해할 수 있다.

우리나라 현대 도시와 지역사회, 주거지 환경의 모습은 아동들에게 어떻게 기억되고 성인이 된 이후 삶에 어떤 영향력을 끼치게 될 것인가? 도시화 이후, 지금까지 지역사회와 주거지 환경은 성인 중심의 도시계획으로 만들어져왔고, 아동의 일상이 이루어지는 주거지 환경은 아동을 위해 어떤 환경을 제공할 것인지에 대한 깊은 고민과 배려 없이 진행되어 온 것 같다. 이러한 환경은 현대 아동들에게 유년시절의 추억과 기억, 이미지에 어떠한 영향을 주며, 미래의 주거지 환경에 어떤 영향을 줄 것인지를 생각하면 사실 두려움과 걱정이 앞선다.

아동들의 주된 일상이 이루어지는 우리나라 도시의 주거지 환경은 1960년대부터 공동주택이 지속적으로 증가되어오면서, 빽빽하게 들어선 획일화된 고층의 집합주택과 자동차가 즐비한 주차장, 복잡하고 번화한 상가와 학원들의 모습을 쉽게 연상할 수 있다. 이런 모습은 어느 도시에서나 동일한 형태로 계획되고 대부분의 건설 회사들은 이에 뒤질세라 부지런히 따라 하기 바빴다. 그 결과는 도시의 자연적 특성이나 역사, 문화적 특성이 무시되고 중소도시들도 대도시 따라 하기에 일조하면서 전국의 모든 도시가 어느새 동일시 되어가고 있다.

환경디자이너인 알렌 마셜(A. Marshall)은 환경을 '히든 커리큘럼(Hidden Curriculum)'으로 일컬으며, 환경의 영향성은 눈에 보이지 않게 엄청나다고 말하고 있다. 특히 유년기 환경의 영향은 성인때보다 훨씬 더 크므로 더욱 중요함을 강조한다. 즉, 보이지 않는 교육의 일부로

4

환경은 성인이 된 후 가치관, 직업, 삶의 방향 설정에 직간접적인 영향을 끼치게 된다는 것이다.

오늘날 우리 아이들이 자라는 환경은 성인들이 계획하고 만든 공간과 환경에서 대부분 생활하고 있으며, 아이들을 위한 공간은 극히 일부로 그마저도 제한된 곳으로 한정되어 있다. 그러나 아이들이 생활하는 공간은 어른들이 정해 놓은 한정된 장소에서만 일상이 이루어지지 않는다. 그 이외의 여러 다양한 장소에서 성인들과 함께 생활하므로 자연스럽게 여러 가지 환경을 경험하게 된다. 이러한 장소에서의 경험이 아이들의 발달 과정에 어떤 영향을 끼치고, 어떤 메시지가 전달될 것인지 한번 깊이 생각해 볼 필요가 있다. 예컨대 아이들이 살고 있는 도시의 역사적·문화적 특성을 환경에 반영하여 계획할 때 차별화된 환경에서 문화적 정체감 형성에 도움을 받을 수 있다. 또한 풍부한 자연환경을 제공함으로써 영유아기와 아동기의 감각적 발달에 도움을 주고, 어린 시절부터 자연스럽게 자연을 보호의 대상으로 인식하게 되므로 자연을 보존하고 유지하는 학습 기회를 줄 수 있을 것이다. 그리고 아동이 마음껏 신나게 놀 수 있는 놀이환경을 제공함으로써 새로운 생각을 하게 하여 창의적인 사고가 길러질 수 있는 것이다. 그러나 우리의 일상이 이루어지는 주거지 주변 환경은 지나치게 획일화되어 있다. 자연과 상호작용할 수 있는 환경이 부족하고 삭막한 콘크리트 환경은 따뜻한 감성을 기르기보다는 메마르고 각박한 마음을 가지게 하고, 새롭고 자유로운 생각보다는 경직된 사고를 강요하는 메시지를 은연중에 전달한다. 이러한 환경을 개선시키기 위해 현대 도시에서 아동을 위한 환경은 어떤 모습이어야 할까를 오랫동안 고민해 오면서, 도시에서 아동을 위한 환경디자인의 지침이 될 만한 교재의 필요성을 절감하여 이 책을 출간하게 되었다. 아동을 위한 환경디자인은 건축, 디자인, 주거 분야에서 일부 관심을 가지고 국내외에서 부분적으로 연구·디자인되어 왔으나, 이와 관련된 연구 자료나 도서가 부족하고 그 중요성에 대한 인식이 매우 낮은 실정이다. 이 책의 저자들은 그간의 강의와 연구를 통하여 생각해 온 내용을 정리하고, 저자들이 직접 방문한 국내외의 다양한 사례들을 소개하면서 아동 환경디자인의 방향을 가늠할 수 있는 지침서로서 도움이 되고자 하였다. 전체 내용은 아동 환경의 이론적인 내용을 다학제적인 관점에서 정리하고, 그 이론을 바탕으로 아동 환경디자인의 개념을 설정하여 그에 적합한 사례를 소개하면서 아동을 위한 환경디자인의 아이디어를 제공하는 데 다소나마 도움이 되고자 한다.

지금까지 아동을 위한 환경, 특히 물리적 환경에 대해서는 간과된 부분이 많으며, 아동 관련 분야보다는 건축, 디자인, 주거, 환경심리학 등의 분야에서 부분적으로 다루어지고 있다. 이렇게 서로 다른 분야에서 부분적으로 다루어지다 보니 이 분야의 전문가도 극히 드물고 연구 자료도 매우 부족한 실정이다. 이 책은 이러한 다양한 분야의 시각을 아동의 시각에서 통합적으로 볼 수 있도록 하는 데 일조하고자 시작되었다. 아직 자료나 내용이 많이 부족하고 미흡하지만 시작이 반이라는 마음으로 우선 저자들이 전달하고자 하는 내용을 중심으로 아동을 위한 환경디자인의 방향을 설정하고, 그 방향에 맞는 내용을 정리하여 이 책의 내용에 맞도록 구성하였다.

이 책은 전체 3부로 구성되었다.

1부는 아동과 환경에 관한 이론적인 내용을 정리하여 아동의 환경에 대한 이해에 도움이 되고자 하였다.

1장에서는 아동발달에서 환경의 역할, 아동에 대한 이해, 아동의 환경적 요구와 장소성에 대한 내용을 소개하였다. 아동을 위한 환경디자인은 우선 아동의 발달과 환경적 요구를 이해하는 것이 중요하므로 먼저 소개한다. 2장에서는 아동과 환경의 상호작용 과정에서 나타나는 관계 이론을 소개하였다. 아동은 환경과 상호작용하면서 서로 영향을 주고받는다. 즉, 아동은 환경에 영향을 받지만 다른 한편으로는 환경에 영향을 주므로서 주체적 역할을 한다는 것을 이해하도록 한다. 3장에서는 아동의 발달과정에서 요구되는 경험과 학습, 놀이, 안전과 모험에 관한 내용을 소개하였다. 특히 아동의 발달과정에서 요구되는 도전과 모험/안전의 상반된 개념을 소개하여 지나친 안전이 오히려 해가 될 수 있음을 이해할 수 있도록 하였다.

2부는 아동을 위한 환경디자인에 관한 내용을 정리하였다. 아동을 위한 환경디자인은 성장과 양육이라는 두 가지 관점에서 '아동이 잘 자라고, 가족과 지역사회가 아동을 잘 키우며, 모두에게 의미있는 편안한 환경'을 어떻게 만들어야 좋은지에 대한 고민에서 시작된 몇 가지 답을 제시하고 있다.

4장에서 제시한 아동을 위한 환경디자인 개념은 이 책에서 설정한 5가지 개념에 관해 설명하였다. 건강하고 쾌적한 환경, 즐겁고 편리한 환경, 안전한 환경, 바람직한 관계를 촉진하는 환경과, 특히 문화와 전통적인 가치를 전수하여 정체성을 부여하는 지속가능한 환경이어야 한다는 믿음에서 그러한 환경을 만들어내야만 하는 이유와 방법을 저자들 간의 오랜 논의 결과를 정리하여 제시하고 있다. 5장에서는 아동 환경의 현황을 소개하면서 현실적 상황을 파악하여 이해하고자 한다. 또한 현대사회의 아동이 처해 있는 생활환경의 문제점과 이로 인한 양육기 가족의 스트레스에 주목하여 적절한 환경의 필요성과 사례를 통한 해결방안을 모색하고 있다.

6장에서는 아동 환경디자인의 아이디어를 제공하고자 국외 사례를 중심으로 소개하였다. 아동과 그 부모를 위한 좋은 환경의 본보기를 아동친화도시와 호우튼(네덜란드), 보봉(독일)의 사례를 통해 살펴보고 있다.

3부는 아동을 위한 주거환경 만들기에 관한 실제적인 내용을 정리하였다. 아동을 위한 환경은 주택과 마을을 나누어 살펴보고 있다.

7장에서는 아동을 위한 집 만들기, 8장에서는 마을과 지역사회 만들기에 관한 내용을 지역사회 특성에 맞게 적용한 다양한 국내외 사례를 소개하여 실제 적용에 도움이 되게 하였다. 주택과 마을은 모두 제2부에서 제시한 5가지의 개념(건강하고 쾌적, 즐겁고 편리, 안전, 바람직한 관계 형성, 문화의 지속성과 아동문화를 조장)에 맞춰 각각 어느 부분을 어떻게 계획하여야 하는지 그림과 사진으로 제시하고 있다. 특히 주택부분에서는 각 공간별로 재구성하여 디자인 포인트를 제시하고 적용하기 용이하도록 배려하고 있다.

본문에 제시된 그림과 사진은 이론적 개념의 이해를 돕기 위하여 소개되었으며 내용에 따라서 다른 사례들로 대체할 수 있다. 또한 다양한 문화와 지역특성에 맞는 사례들을 필요에 따라 추가하여 다양하게 소개할 수 있다.

이 책을 준비하는 과정에서 자료와 내용이 많이 부족하고 다양한 자료를 찾는데 어려움이 있어 많은 시간이 소요되었다. 무엇보다도 이 작은 결실이 맺어지기까지 오랫동안 기다려주시고 지원해 주신 교문사 관계자분들과 정용섭 부장님, 편집 담당자분들께 이 자리를 빌려 심심한 감사의 마음을 전하고 싶다.

2017년 1월
저자 일동

차례

PART 1

아동과 환경

아동은 자신을 둘러싸고 있는 사회적 환경 및 물리적 환경과 서로 영향을 주고받으면서 성장한다. 아동이 신체적·정서적으로 바람직하게 성장할 수 있도록 환경이 그 역할을 제대로 수행할 수 있다면, 아동은 건강하고 행복하게 성장할 수 있는 권리를 보장받을 수 있게 된다. 아동이 건강하고, 안전하고, 행복하게 성장할 수 있도록 아동발달 특성에 적합한 환경을 제공하며, 아동에게 의미있는 장소로 기억될 수 있는 환경을 만들어 주는 것은 매우 중요하다.

Children are miracles… we must make it our job to create, with reverence and gratitude, a space that is worthy of a miracle.
Anita Rui Olds

❶ 아동을 위한 환경
❷ 아동과 환경과의 상호작용
❸ 아동의 발달적 요구

아동을 위한 환경

환경은 아동발달에 어떠한 영향을 끼치는가? 환경은 아동의 신체적·심리적인 측면 모두에 영향을 미치며, 아동의 생각과 느낌, 행동 그리고 일상적인 습관과 가치에 영향을 주어 미래 삶의 방향을 제시한다. 그러므로 아동을 위한 환경은 세심하게 배려하여 계획하지 않으면 아동의 신체적·사회적 발달을 촉진하지 못하고 오히려 방해할 가능성이 높다. 이러한 아동 환경에 대한 영향성은 주로 잠재의식에 내재해 있고, 아동은 성인들에 비해 환경에 대한 방어 능력이 없으므로 사실상 아무것도 할 수 없다(Day, 2007).

아동이 생활하는 환경은 크게 사회적 환경, 물리적 환경, 자연적 환경으로 나눌 수 있다. 사회적 환경은 부모, 형제, 또래 친구, 교사, 친척과 일반 성인 등 주변 사람들과의 상호작용을 통해 형성되는 환경을 의미한다. 물리적 환경은 사회적 환경과 상호작용할 수 있도록 지원하는 환경으로 일상생활이 이루어지는 주거지 환경, 지역사회 및 도시환경 등 인위적으로 만들어진 건물 및 주변 공간 환경을 의미한다. 주거지 환경은 주택 내·외부 공간과 놀이터, 공원, 도로, 골목길 등의 주거지 주변 환경과 슈퍼마켓, 백화점, 공공시설, 여가시설 및 오락시설 등의 생활편익시설, 어린이집, 유치원, 학교 등의 공공기관과 교육기관 등을 의미한다. 한편 지역사회 및 도시환경은 박물관, 미술관, 도서관, 공공기관 도시계획 내 구성시설, 도로 및 교통 시설 등을 의미한다. 자연적 환경은 인간이 만든 것이 아닌 자연에서 주어진 환경으로 자연광, 바람, 강, 바다, 나무, 산 등 자연요소를 포함한다.

아동은 이러한 사회적·물리적·자연적 환경과 상호작용하면서 성장한다. 아동은 집의 내·외부에서 혼자 또는 가족과 함께 주변의 광

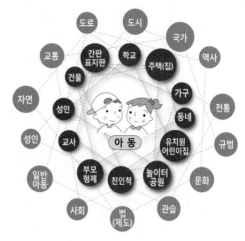

1 아동을 둘러싸고 있는 주변 환경은 사회적·물리적·자연적 환경으로 형성된다.

범위한 환경과 접하면서 생활한다. 즉 아동의 생활권은 도시, 지역사회, 주거지 환

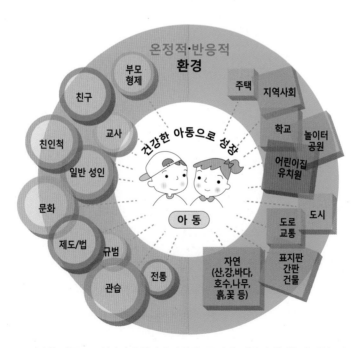

2 건강한 아동으로 성장하기 위하여 사회적·물리적·자연적 환경은 온정적·반응적 환경으로 지원되어야 한다.

경 모두에 걸쳐 있다. 이러한 환경은 지역사회의 한 구성원으로서 아동을 얼마나 배려하고 고려하여 계획되었으며, 아동에게 얼마나 온정적이고 반응적으로 상호작용할 수 있는가에 따라 아동의 성장과 발달에 긍정적인 혹은 부정적인 영향을 끼치게 된다. 즉 아동은 물리적 환경과의 상호작용의 결과로 환경적 태도와 행동, 나아가 인성과 사회·정서발달에 영향을 받게 되며 가치관 형성의 기초를 이룬다.

이와 같이 물리적 환경에 대한 아동의 영향성이 중요함에도 불구하고 지금까지 아동의 환경은 주로 사회적 환경에만 초점을 두고 많은 연구가 이루어져 왔다. 그 결과 아동의 물리적 환경은 사회적 환경과 비교하여 볼 때 상대적으로 소홀히 여겨지고 간과된 부분이 많은 것이 사실이다. 이 책에서는 아동의 물리적 환경에 대한 중요성과 영향성을 강조하고, 아동이 생활하고 있는 주변의 물리적 환경이 아동발달에 긍정적 영향을 미칠 수 있도록 온정적이고 반응적인 환경으로 개선하기 위한 방안을 모색하여 성장하는 아동의 균형적 발달을 도모하고자 한다. 또한 아동의 균형적 발달을 도모하기 위한 물리적 환경 개념으로서 건강하고 쾌적한 환경, 즐겁고 편리한 환경, 안전한 환경, 바람직한 관계를 촉진하는 환경, 문화적 지속성을 계승할 수 있는 환경에 초점을 두고 살펴보고자 한다.

1. 아동발달에서 환경의 역할

아동은 상상의 세계에서 현실 세계로 어떻게 발전하며, 세상을 어떻게 이해하고 배우는가?

피아제(Piaget)는 아동의 지식은 선적인 발달로 이루어지기보다 주변 환경의 다양한 요소들의 상호관계망 속에서 동적으로 연결되어 이루어진다고 하였다. 즉 인지, 행동, 다른 사람과의 관계에 의한 상호작용과 발달지표가 반영되어 수정, 통합과정을 거치면서 이루어지게 된다는 것이다(Ceppi, 1998). 6살까지 아동은 직접 행동하면서 경험을 통해 주변 환경을 이해하고 배운다. 아동 스스로의 적극적이고 자발적인 관찰에 의해 주변 세상을 이해하고 적절한 방식을 찾는다. 이러한 아동의 직관적인 학습은 신체 전체와 다양한 감각을 이용하여 배우게 된다. 아동심리학자 올즈(Olds)에 따르면 아동은 "끊임없이 주변 환경의 형태와 리듬, 움직임, 부피, 질감, 촉감, 냄새, 소리, 빛, 색의 미묘함을 즐긴다"고 한다(Olds, 2001).

성인은 주변 환경에 대한 사물을 이미 이해하고 있지만, 아동은 주변 사물들의 감각적 메시지 간의 관계를 탐색하고 있다. 이러한 탐색과정은 자연스럽게 아동으로 하여금 창의적인 생각을 할 수 있게 한다. 감각이 풍부한 환경은 성인들이 알 수 없는 경험을 하게 하여 아동의 창의적인 발달을 더 촉진해 줄 수 있다.

일반적으로 우리나라에서 아동을 위하여 지역사회나 주거지 주변환경을 계획할 때 도시계획 전문가들이나 주택건설업자들은 놀이터를 우선 제공하고 그곳에 신형 모델의 놀이기구를 설치하는 경우가 대부분이며, 아동을 위한 환경을 계획하고자 할 때 아동 관련 전문가의 의견을 반영하거나 사용자인 아동의 요구, 발달적 특성을 고려하는 경우는 극히 드물다. 그 결과 아동의 환경은 아동 본래의 호기심과 탐색활동을 오히려 방해하는 경우를 종종 볼 수 있다. 따라서, 아동발달을 촉진할 수 있는 놀이 환경은 획일적인 놀이기구 설치를 지양하고, 각 지역의 특성과 문화를 반영하고 아동의 상상력을 자극할 수 있는 환경과 아동의 내면을 자유롭게 표현할 수 있으며, 모험과 도전을 경험할 수 있는 환경이 제공되도록 계획해야 한다.

3 캐나다 E시에 있는 오래된 건물에는 건물 앞에 이 건물의 역사를 설명해 주는 안내판을 달아, 이 지역 아동들이 자연스럽게 도시의 역사와 문화를 이해할 수 있게 해준다.

1) 지역특성을 반영하는 교육환경

감수성이 풍부한 초기 유년시절의 환경은 인생 전반에 걸쳐서 오래 기억될 뿐 아니라 중대한 영향을 끼친다는 사실은 누구나 잘 알고 있다. 아동을 위한 환경은 특별한 놀이기구나 시설을 설치하지 않더라도 감각적으로 풍요로움을 줄 수 있는

4 바닥의 표식이나 맨홀뚜껑 등 공공시설물, 상점의 간판, 그리고 오래된 건물은 그 지역의 역사와 문화를 담고 있다. 이곳에서 자라는 아동은 자연스럽게 지역에 대한 정체성을 형성하게 된다.

자연환경, 자유로운 존재감을 느낄 수 있는 안락하고 안전한 환경과 아동의 발달적 특성, 환경에 대한 요구를 이해하고 반영하는 것만으로도 충분히 계획할 수 있다.

그러므로 아동의 환경은 놀이터 환경에만 국한해서 생각하기보다는 물리적으로 더 넓은 도시·지역 환경에서 아동을 어떻게 이해하고, 환경을 통하여 아동들에게 어떠한 메시지를 전달할 것인지 고려하는 것이 더 중요하다. 즉 도시·지역사회 환경은 그 지역의 자연적이고 지리적 특성을 포함하여 역사적인 사실과 문화를 아동들에게 어떻게 전달할 것인지를 고민하면서 디자인할 때 아동을 위한 좋은 교육환경으로 계획할 수 있다. 예컨대, 그 지역의 특성과 문화를 반영한 간판과 표지판, 유적지와 같은 역사적인 장소, 박물관, 공공건물 등이 아동을 위한 교육환경으로 중요한 의미를 지닐 수 있다. 지역특성을 반영하고자 하는 도시나 지역사회 환경은 자라나는 아동에게 자부심과 정체감 형성에 좋은 본보기가 되어 무의식적으로 잠재적인 영향을 주게 된다. 따라서 아동들이 일상생활 속에서 자연스럽게 보고 배울 수 있도록 환경이 제공되는 것이 중요하다. 그 지역의 역사와 문화에 대한 인식은 유년시절부터 학습된 경험이 성인기까지 지속되어지고 삶의 가치에 영향을 주기 때문이다.

2) 상상력을 자극할 수 있는 자연친화적 환경

유년기 아동은 상상의 세상에서 현실세계를 배우기 위해 놀이를 통하여 학습한다. 아동에게 놀이는 창의적인 일이고, 즉흥적인 일이며, 놀이를 통하여 실수도 하고 실험을 하면서 스스로 판단할 수 있는 다양한 경험을 할 수 있다. 그러나, 지금까지 아동의 놀이 환경은 기능적인 놀이에 치중하여 오락적이고, 즉흥적인 흥미를 유발하는 놀이기구를 설치하거나 단순히 보여주기 위한 조경 위주의 계획을 중시해온 경향이 있다. 그 결과 지역적 특성은 무시되고 어느 지역에서나 흔히 볼 수 있는 획일적인 놀이기구가 설치된 놀이터를 공원, 아파트에서 쉽게 접하게 됨으로써 아동의 흥미를 떨어뜨리고 발달에 적합한 자극을 제공하지 못하고 있다. 아동은 놀이를 통하여 신체발달과 더불어 인지발달과 사회·정서발달이 통합적으로 이루어진다. 그러나 획일적인 모양으로 고정 설치되어 있는 놀이기구는 구조화되어

5 자연친화적이며 지형을 그대로 살린 이 구조물에서 아동들은 계단과 평지 등 다양한 높이를 경험하면서 활발하게 신체를 움직일 수 있다.

6 특별한 놀이기구 없이 아동들이 언덕을 오르내리면서 자연과 상호작용하여 신체를 활발히 움직일 수 있다.

있어 호기심과 상상력, 잠재력이 풍부한 아동들의 새로운 생각과 사고를 촉진하는 데 오히려 방해요소가 되고 있다.

한 예로 S 지역과 D 지역에서 조사한 놀이터 환경에서 나타난 결과가 이를 뒷받침해 준다. 조사된 지역의 놀이터 시설은 대부분 종합놀이기구와 그네, 시소, 철봉 등의 구조화된 전통적인 놀이기구가 가장 많이 설치되어 있었다. 이러한 환경에서는 기능놀이와 단순구성놀이가 가장 많이 나타나는 반면, 상징놀이나 규칙 있는 게임 등과 같은 복합적이고 다양한 놀이행동이 거의 나타나지 않았다(최목화·변혜령, 2007). 즉 제공된 놀이터 환경에 따라서 아동의 놀이행동이 달리 나타나게 되므로, 단순 구조화된 놀이기구에서는 다양한 놀이행동이 나타나지 않음을 확인할 수 있다. 요컨대 아동의 다양한 놀이행동을 유도하기 위해서는 놀이를 통한 상상력과 창의력을 불러일으킬 수 있는 놀이터 환경이 매우 중요함을 알 수 있다. 이러한 결과는 행태심리학에서 볼 수 있는 환경과 행태의 관계로 연관지어 해석할 수 있다. 따라서 아동을 위한 환경은 아동들이 충분히 움직일 수 있는 자유로운 공간과 다양한 놀이가 유도될 수 있는 비구조화된 놀이 환경, 그리고 감각적으로 다양함과 풍요로움을 제공할 수 있는 자연친화적인 환경이 제공되어야 한다. 자연환경은 단순히 보여주기 위한 자연보다는 아동이 직접 참여하여 상호작용할 수 있고, 탐색할 수 있는 자연요소를 풍부하게 제공하는 것이 사회적·정서적 발달에 도움을 줄 수 있다. 예컨대, 플라스틱으로 만든 놀이기구보다는 흙 언덕 아래 터널을 만들어 주면 그 속에서 편안함과 소리, 냄새 등 오감을 느낄 수 있고, 흙과 풀 냄새로 인하여 자연과의 상호작용을 통한 상상력을 자극할 수 있다. 그러므로 아동에게는 구조화되고 정형화된 놀이기구가 없는 놀이 환경이 더 바람직할 수 있다.

3) 아동의 내면을 자유롭게 표현할 수 있는 놀이 환경

안전하면서도 재미있고, 아동들이 원하는 놀이 환경은 어떤 모습일까?

세이브 더 칠드런(Save the Children)은 현행 안전관리법에서 규정한 '놀이기구가 설치된 놀이터'라는 정의 자체가 변해야 한다고 제안한다.* 반드시 놀이기구를 설치해야 한다는 고정관념에서 벗어나 아동들이 함께 어울려 뛰어놀 수 있는 공간을 만들어 주자는 것이다. 놀이기구 대신 아동이 모험을 즐기고 친구들과 상호작용할 수 있도록 현지 지형과 자연물 혹은 조약돌·그루터기·통나무 등 특별한 목적 없이 다양한 방법으로 다뤄질 수 있는 놀이도구를 활용할 수 있는 '빈 공간'을 제공하자는 의미이다.

실제로 아동들과 부모가 원하는 놀이터도 이런 모양에 가깝다. 세이브 더 칠드런은 서울 시내 지역·단체별로 7차례 가진 워크숍을 통해 아이·부모가 원하는 놀이 및 놀이터 유형이 지금의 놀이터와 거리가 멀다는 설문결과를 내놓았다. 이 결과에 따르면 아동들은 처음에는 특정 놀이기구 중심으로 놀이를 진행하지만 시간이 지난 뒤에는 친구들끼리 규칙을 정하는 등의 상호작용을 통해 놀이터를 활용하며 논다고 한다. '여러 놀이기구가 연결된 조합놀이는 재미없다'는 반응도 나왔고 연령대가 높을수록 놀이기구 이용 방식도 차차 위험한 방식으로 바뀌기 때문에 놀이기구가 오히려 안전을 위협할 여지도 있는 것으로 나타났다. 부모들 역시 '복합놀이시설보다 아이들이 마음껏 뛸 수 있는 공간', '노인들과 가족들이 쉽게 어우러질 수 있는 공간'을 원했다. 즉 놀이기구가 설치되지 않은 빈 공간에서 아동들은 자유롭게 움직이면서 스스로 활동과 놀이를 만들어가는 과정을 더 즐기면서

---

* 자료: 2015. 5. 4. News1 "놀고 싶어도 놀 곳 없는 아이들 '놀이터'가 사라진다."

새로운 생각을 하게 된다. 반면 놀이기구가 설치된 곳에서는 아동의 활동이 그만큼 제한되고 통제되므로 자유로운 활동에 한계를 느끼게 되어 사고의 확장성이 낮아지게 된다. 좋은 놀이터란 아동들의 자연스런 놀이가 표현될 수 있도록 여지가 있는 공간을 제공하는 것이다. 즉, 비밀스런 장소인 아지트가 있고, 또래와의 관계를 위하여 서로 놀면서 상호작용하고 교감할 수 있는 장소에서 노는 방법을 스스로 터득할 수 있다는 곳을 뜻한다. 이런 곳은 더욱이 특별한 놀이기구가 필요없다.

7 놀이기구가 설치된 놀이터보다 자유롭게 움직일 수 있는 빈 마당에서 아동들은 스스로 다양한 놀이와 활동을 만들어 나가는 것을 더 즐긴다.

4) 모험과 도전을 경험할 수 있는 환경

최근 소아의학 학회지에 게재된 연구에 따르면 엄격한 안전규정이 아동의 놀이활동을 저해하는 부작용을 초래한다고 한다. 또한 위험은 아동발달에 도움을 줄 수 있다. 국제환경연구공중보건 학회지에 게재된 연구에서 브리티시 컬럼비아대학 연구진은 아동이 위험한 놀이를 통해 위험을 감수하고 관리하는 법을 배우기 때문에 위험한 놀이가 오히려 더 안전한 결과를 가져다 준다고 주장했다. 위험한 놀이는 높은 곳과 같은 아동이 두려워하는 자극에 아동을 노출시킨다. 퀸모드대학의 엘렌 샌드세터 교수는 "아동이 위험한 놀이를 통해 대처기술을 개발하게 되면서 이러한 상황이나 자극을 더 이상 두려워하지 않게 된다"고 밝혔다. 위험한 놀이를 못하게 할 경우 오히려 신경 및 공포장애 발병 가능성이 높아질 수 있다고 한다. 그는 "필요한 만큼만 안전을 추구해야지 지나치게 안전을 추구할 경우 발달을 저해할 수 있다"고 하였다. 놀이터 전문가인 아마노 히데아키는 위험은 외부의 강요된 위험이 아니라 본인의 삶을 개척하기 위해 아이들 스스로 선택하는 위험이므로, 아이들에게 필수적 요소이며 놀이터에서 위험의 기회를 가져야 한다고 하였다.*

이와 같이 아동을 위한 놀이 환경을 계획할 때에는 안전을 최우선적으로 고려하는 동시에 아동 스스로 위험을 만나고 판단할 수 있는 기회를 줌으로써 아동발달에 필요한 모험심과 도전감을 길러 줄 수 있는 환경을 제공하는 것이 중요하다.

8 높고 넓은 미끄럼틀이나 터널은 아동의 다양한 행동과 놀이를 유도하면서 흥미로움을 더해줄 수 있다.

아동의 신체 운동과 놀이가 아동의 사회·정서와 인지발달에 긍정적인 영향을 미친다는 연구결과에도 불구하고, 현대 도시지역사회 환경은 아동에게 놀이의 기회를 제공하지 못하고 있다. 프리 레인지(free range) 교육을 지지하는 보스턴대학 심리학과의 피터 그레이(Peter Grey) 교수는 실외 놀이가 아동의 장래에 영향을 주며, 놀이하며 자란 아동은 어른이 되었을 때 세상을 두려워하지 않는다고 하였다. 또한 피터 교수는 아동은 놀이를 통하여 스스로 결정하고 통제하면서 다른 사람과 어울리는 것을 배우고 문제해결 능력이나 친구를 만드는 법을 알게 된다고 하면서 실외 놀이의 중요성을 강조했다.

그러나 도시지역 거주 아동들은 집 바깥에서 마음껏 놀 수 있는 물리적 공간을 점점 잃어가고 있다. 센다 미츠루에 따르면(仙田満, 2006), 일본 요코하마 지역 아

---

* 2016. 5. 26. 순천만 국제습지센터 콘퍼런스홀에서 열린 '어린이 놀이터 국제 심포지엄'에서 놀이터 전문가들의 대담 토론회 내용에서 발췌(자료: 한겨레신문, 2016. 5. 31 게재)

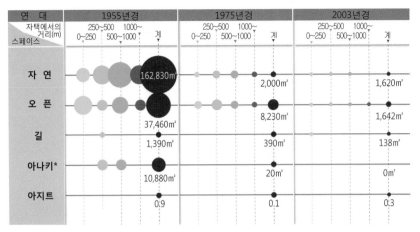

연 대	1955년경				1975년경				2003년경			
자택에서의 거리(m) 스페이스	0~250	250~500 500~1000	1000~	계	0~250	250~500 500~1000	1000~	계	0~250	250~500 500~1000	1000~	계
자 연				162,830m²				2,000m²				1,620m²
오 픈				37,460m²				8,230m²				1,642m²
길				1,390m²				390m²				138m²
아나키*				10,880m²				20m²				0m²
아지트				0.9				0.1				0.3

자료 : 센다 미츠루(2005). 환경디자인 강의.

9 요코하마 지역 놀이 공간의 양적 변화

동의 놀이 공간이 1955년경부터 1975년경까지 대도시에서는 약 1/20, 지방도시에서는 약 1/10로 격감하고 자연공간은 약 1/80로 현저하게 감소했으며, 그 후 1995년경까지도 계속 감소해 1/2~1/4이 된 것으로 나타났다. 이는 아동의 놀이를 통한 교류 및 활동이 단순히 가족이나 생활양식 변화에 따른 문제가 아닌 주거환경 변화에 의해 파생된 문제임을 알 수 있다.

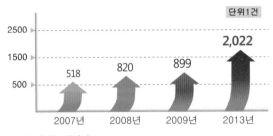

10 늘어나는 안전사고

최근 세계아동구호 NGO 세이브 더 칠드런은 우리나라 국민안전처가 2015년 초, 전국 1,740개 어린이 놀이터에 대해 실태조사를 실시한 후 설치검사를 받지 않거나 불합격했다는 이유로 놀이터 이용을 금지했다고 밝혔다.[**] 이렇게 이용금지 조치가 내려진 놀이터의 대다수

---

* 아나키는 무질서 또는 무정부 상태라는 뜻이다.
** 자료: 2015. 5. 4. News1 "놀고 싶어도 놀 곳 없는 아이들 '놀이터'가 사라진다."

가 개선되지 못해 폐쇄되고 있다. 이용금지 조치를 받은 놀이터 중 1,313개가 주택단지 내에 있는데, 대부분 영세하고 노후됐으며 이용금지 조치 이후 계속 방치되고 있다. 그런데 이렇게 '안전 관리'를 목적으로 놀이기구가 노후화된 놀이터의 이용을 금지했다면, 나머지 그렇지 않은 놀이터들은 과연 안전한 걸까? 불행하게도 이용금지 등의 조치에도 불구하고 안전사고는 점점 늘어나고 있다. 한국소비자원 조사결과에 따르면 안전관리법이 시행된 2008년 이후만 봐도 2007년에 518건이던 놀이시설 사고 발생 건수는 2008년 820건, 2009년 899건으로 점차 증가하다가 2013년에는 2,022건을 기록했다.

이처럼 도시·지역사회 환경은 아동의 건강하고 안전한 성장과 모험과 도전을 위한 외부 놀이활동과 활동을 지원할 수 있는 물리적 환경을 계획하여 제공해야 할 것이다. 아동을 위한 환경을 만들기 위해서는 먼저 아동에 대한 이해와 아동이 가지고 있는 환경에 대한 요구, 그리고 아동을 양육하는 가족에 대한 이해가 우선되어야 한다.

2. 아동에 대한 이해

생애 초기 3~5년은 인성 발달과 신뢰감, 사회성 발달이 형성되는 시기로, 세상을 바라보고 다른 사람들과 어울리는 방법을 배우며 인생의 기초를 다지는 중요한 시기이다.

아동은 성인과 달리 감각을 통하여 세상의 풍요로움을 마음으로 받아들인다. 아동의 감각은 세상과 연결되는 통로 역할을 한다. 감각은 아동이 무엇인가 배우고 자신을 발달시키는 데 필요한 전제조건이다(윤선영 역, 2013). 아동 주변에 있는 모든 것, 반짝거림, 끈적끈적함, 미끈미끈함, 큰 것, 작은 것, 납작한 것, 둥근 것, 빛나는 것, 부드러운 것, 거친 것, 무거운 것, 미세한 것, 큰 소리가 나는 것, 속삭임 등은 아동의 신체와 정신적인 발달에 좋은 양식이 된다. 즉, 일상생활을 위해 필요한 주변 환경이 아동에게 학습 경험을 제공하며 발달에 영향을 미친다.

5세 이하의 아동은 세상을 성인과 다르게 인식한다. 성인은 집중적이고 협소하며 목표 지향적이지만, 아동은 전체적이고 넓으며 동시적인 모드를 지닌다. 아동은 감각과 신체를 이용하여 광범위하게, 주변의 모든 환경을 섬세하고 정교하게 받아들인다. 아동은 끊임없이 주변의 색, 빛, 음, 향, 질감, 부피, 움직임, 형태, 리듬의 미묘함을 느끼고 즐긴다. 아동은 놀이를 통해 주변의 많은 감각적인 요소들과 장소의 미묘한 변화에 반응한다.

아동은 성인보다 장소와 감각을 더 잘 기억하며, 성인이 의식하지 못하는 섬세한 것에 더 깊은 영향을 받는다. 즉, 많은 바람의 종류를 듣거나 느낄 수 있고, 많은 잎의 색깔을 볼 수 있으며, 그 장소가 습한지 습하지 않은지, 쓴 맛인지 단 맛인지를 구별하고, 어떤 냄새도 맡을 수 있다. 또한 땅, 바위, 벽돌, 콘크리트 같은 재료의 느낌을 구분할 수 있으며, 펜이나 종이 같은 평범한 물건에서 특별한 것을 경험한다. 이와 같이 아동은 주변의 섬세하고 미세한 속성에 대해 감각적으로 반응할 수 있는 능력을 가지고 있다.

따라서 아동을 위한 환경은 유년시절의 매력적이고 신비로움을 온전히 표현할 수 있는 자유롭고 기쁨이 넘치는 장소와 환경, 공간이 되어야 한다. 이러한 곳은 장소성을 지닌 곳으로 아동의 영혼을 즐겁게 한다. 장소성이라는 것은 직관적으로 알 수 있으며, 생기 있고 두려움이 없는 곳이다. 그러한 장소는 평화와 흥분, 행복과 고통, 약함과 강함, 불완전함과 완전함이 혼재한다. 그곳에는 가슴으로 노래하고, 영혼을 즐겁게 하고, 몸을 안전하고 편하게 느끼게 하는 완전함이 있다. 그곳은 감각을 확장하여 사랑스럽고, 창조적이고, 인간적인 것과 교류하면서 기억할 수 있게 하는 장소이다. 이러한 장소성은 자연의 아름다움에서 나온다. 장소성이 결여된 곳은 생기와 자유로움이 없기 때문에 아동발달에 부정적인 영향을 끼친다. 장소성은 쉽게 설명할 수 없지만, 그러한 장소는 동일하지 않으며 똑같은 요소로 만들어져 있지도 않다. 다시 말하면 획일적이고 동일한 요소가 반복되는 곳은 장소성이 부족한 곳이다(Olds, 2001).

아동을 위한 환경에서는 아동의 호기심과 순간적인 감수성이 존중되어야 한다. 그러나 불행하게도 일반 성인들은 지나치게 문명화되어 감정이 억제되어 있다. 즉 성인이 되어가면서 다양한 정서적 감정은 사라지고 고정된 관념과 틀에서 벗어나기 어려워진다. 그러나 성인에게는 본능적으로 순수한 아동성이 내재되어 있다. 성인들은 어린 시절에 지냈던 주변 환경에 대한 기억과 상상을 통해 행복과 불안, 기쁨과 슬픔, 평화, 분노, 희망 등 여러 가지 다양한 정서적 감정을 지니고 있다. 이러한 정서적 감정은 성인이 되었을 때 가치관 형성에 중요한 영향을 미치게 되며, 더 나아가 태도나 행동, 직업 선택에 이르기까지 결정적인 역할을 한다(Cooper, 1995).

올즈(Olds)는 아동을 위한 환경디자인 단서를 찾기 위하여 몇 년 동안 직업, 연령, 성별, 사회적·경제적 지위가 다양한 성인을 대상으로 유년시절을 회상하면서 가장 좋아했던 장소, 싫어했던 장소, 좋아하는 성인과 함께한 장소를 떠올리게 하는 시각화 작업을 진행했다. 그 결과는 참여대상의 사회인구학적 특성에 관계없이 비슷하게 나타났다.

가장 좋아하는 장소는 실외 공간이었고, 가장 많은 사람들이 언급한 특별한 특성은 큰 나무 아래로 나타났다. 아동에게 나무는 그 아래에서 전체 조망을 볼 수 있고 편안하게 혼자 보내는 장소였다. 또한 많은 사람들이 시냇가, 강, 호수, 바다와 같은 물가에서의 놀이를 기억하였다. 이처럼 좋아하는 장소가 다양함에도 불구하고 일반적인 공통된 특성은 다음과 같았다(Olds, 2001).

① 좋아했던 장소의 특성
- 자연과 관련된 곳
- 감각적으로 풍요로운 곳
- 영역성과 소유권이 인정되는 곳
- 사적이고 외부 침입이 통제되는 곳: 비밀의 장소, 아지트
- 아무것도 하지 않아도 나의 존재가 강조되는 곳
- 규제나 스케줄 없이 자유롭게 놀 수 있는 곳
- 성인에게서 신뢰받을 수 있는 곳

② 싫어했던 장소의 특성

- 실내이면서, 어둡고 낯선 곳
- 불편하고 예측할 수 없는 곳
- 사생활과 자유가 없는 곳
- 신뢰할 수 없는 곳
- 탐색할 수 없고 움직일 수 없는 협소한 곳

③ 좋아했던 성인과 연관된 장소의 특성

- 동등함이 인정되는 곳
- 규제와 일상에서 벗어나 자유로움을 느낄 수 있는 곳
- 신뢰감을 주는 곳
- 유대감을 주는 곳
- 특별한 느낌을 주는 곳

　유년시절 좋아하는 장소는 감각적인 곳, 자유롭고 존재감이 드러나는 곳, 신뢰받을 수 있는 곳으로 나타났다. 한편 싫어하는 장소는 좋아하는 장소와 반대로 실내이고, 어둡고, 자유롭지 못하고, 신뢰받지 못하는 곳이었다. 좋아하는 성인과 관련된 장소도 자유롭고 신뢰감과 유대감을 주는 곳으로 나타나 아동에게 장소성이 부여될 수 있는 환경은 자유와 신뢰감, 존재감이 인정되고 드러나는 곳임을 알 수 있다.

　아동을 위한 환경을 계획하기 전에 여러분들은 편안한 상태에서 긴장을 풀고 어린 시절로 돌아가 그 시절을 상상하며 자신이 특별히 좋아했던 장소와 싫어했거나 불편했던 장소, 좋아했던 성인과 연관된 장소를 떠올리면서 아동을 위한 환경을 생각해 보도록 한다.

　이 작업은 아동의 환경을 디자인하기 위해 가장 먼저 해야 하는 활동으로 아동을 이해하는 데 도움이 될 것이다.

[노트 1] 유년 시절의 모습을 상상하면서 아이되기 : 시각화하기

가능하면, 여러분이 눈을 감고 앉아 있는 동안 누군가 다음 문장을 읽어주도록 한다. 문장과 문장 사이에는 잠시 쉬고 상상을 한다. 꿈을 꾸는 시간을 천천히 가져본다. 만약 도와줄 사람이 없다면, 다음 문장을 녹음기에 녹음하거나 자기 스스로 먼저 간단히 읽어 본다. 그런 다음 두 눈을 감고 기대앉아서 제시한 것을 상상하는 시간을 갖는다.

여러분이 어린 시절을 기억할 수 없다면, 여러분이 알고 있는 사랑하는 아이의 입장에서 생각해 보자.

편안한 자세로 눈은 감은 채로 깊은 숨을 쉬고 일상적인 일은 잊고, 안정감을 느낄 때까지 숨쉬기에만 집중하며, 2~3분 동안 평화롭게 앉아 있는다.

● 이제 여러분의 어린 시절을 상상하라.

작은 발과 손을 보면서, 작은 몸과 가벼움을 느껴 보라. 여러분의 이름이나 별명이 있을 것이다. 무엇을 입고 있는지, 머리는 어떻게 잘랐는지, 어떤 신발과 양말을 신고 있는지 주목하라. 아침에 타이나 허리띠를 했는지, 도움은 받았는가? 여러분의 특별함, 독특함, 버릇을 가진 작은 아이가 된 것을 마음껏 즐겨라. 여러분이 어렸을 때, 놀러 갔던 가장 좋아하는 장소를 걸어 보라. 이 장소의 크기, 모양, 빛의 특성, 여러분에게 의미 있는 소리, 냄새, 질감, 소중하게 여긴 것의 특정에 대한 모든 것에 주목하라. 그 기억에 빠져 보고 바라보라. 좋아하는 곳으로 돌아가서 거기서 노는 시간을 가져라. 좋아하는 일을 하고, 만들고, 행동하는 것을 보면서 마음껏 즐겨라. 좋아하는 장소에서 마음껏 즐긴 후 떠날 준비를 하라. 여러분에게 주어진 즐거운 시간과 기억에 감사하라. 여러분이 원할 때 언제든지, 상상 속으로 되돌아올 수 있다는 것을 생각하라. 작별인사를 하고 어린 시절의 기억에서 나오라.

● 아이로 돌아가서 좋아하지 않았던 장소에 대해 질문해 보라.

그것은 겁을 먹었던 곳이거나 나쁜 기억이나 슬픔을 느낀 장소일 것이다. 좋아했던 장소와 달리 오랜 시간을 보내지 않거나 자주 가지 않는 곳이다. 그곳의 모양과 크기, 빛, 질감, 색, 냄새, 소리, 감동을 주지 못하는 사물을 주목해 보라. 여러분의 용기를 좌절시키고, 다시 가고 싶지 않게 하는 특성의 경험과 느낌이 있다. 여러분의 감정에 호소하는 장소의 특성이 있는지 생각해 보라. 잠시 머무른 다음 떠날 준비를 하여라.

● 여러분에게 특별하고 좋았던 장소에 대해 질문해 보라.

이번에는 여러분에게 많은 영향을 미친 좋아하는 성인과 함께한 장소이다. 이 성인은 여러분의 인생에 매우 중요하고, 그 장소에 갈 수 있다는 것을 기뻐하라. 이 사람은 누구이며 어느 곳인지 주목하라. 무엇을 하고 있으며, 특별히 함께한 것은 무엇인가? 빛과 색, 질감, 냄새, 소리와 공간의 특성은 어떠한가? 의미 있는 물건이나 사건이 있는가? 특별한 장소에서 좋은 사람과 함께한 시간을 즐겨라. 기분 좋게 오랜 만남을 가져라. 여러분의 삶에 많은 것을 준 그들에게 큰 포옹과 감사를 전해라.

- 여러분의 상상 속에 어린 시절이 다시 올 수 있다는 것을 생각하면서 작별인사를 하라.

　이제 어린아이인 자기 자신을 보면서 감사하라. 아동을 위해 장소성이 깃든 디자인을 할 때 자주 이러한 생각을 하라. 그들의 도움이 정말 필요하다고 말하라. 그들에게 감사의 큰 포옹과 함께 작별인사를 하라.

- 제자리로 돌아와 앉아서 의식을 깨워라.

　여러분의 손가락과 발가락을 움직여서 준비가 되었을 때, 눈을 뜨라. 그 다음, 큰 종이와 크레용을 가지고 여러분이 상상했던 세 가지의 상황을 그리라. 이 간단한 스케치는 여러분의 영원한 안내자가 될 것이다. 그들을 절대로 잊지 말고, 그들과의 관계를 절대 잊지 말라.

자료 : Olds, A. R.(2001). Child Care Design Guide. McGraw-Hill.

3. 아동의 환경적 요구

　환경을 계획할 때 사용자의 요구를 파악하는 것은 반드시 거쳐야 하는 기초과정이다. 그러나 아동의 경우에는 자신의 요구를 직접적으로 표현하지 못하므로 지금까지의 연구를 통해 밝혀진 내용을 참고하여 좋은 환경을 계획하도록 한다.

　아동은 환경에 대한 4가지 기본적인 요구를 가지고 있다. 즉 아동 스스로 자유롭게 움직일 수 있는 환경, 심리적으로 안락한 환경, 스스로 할 수 있도록 유능감을 주는 환경, 자신을 통제하고 조절할 수 있는 환경이 그것이다.

1) 자유롭게 움직일 수 있는 환경

　건강한 아동은 실내외 어디에서나 끊임없이 움직이기를 좋아한다. 이것은 아동이 가진 본성이며 움직이면서 자신의 능력을 실험하고 다양한 주변의 환경을 탐색하면서 세상을 배워 나간다. 움직임과 인지능력은 밀접한 관련성을 지니고 있다. 끊임없는 신체 움직임으로 주변 환경을 탐색하고 이해함으로써 다양한 신체기술을 익혀 사고능력이 발달된다. 인지능력과 관련된 최근 뇌연구에 따르면, 뇌는 똑

11 넓은 흙마당은 다양한 단체 협동놀이가 가능하여 또래 간의 상호작용과 신체 움직임이 촉진된다.

12 자연친화적이며 지형을 그대로 살린 목재 구조물은 아동이 평지와 언덕을 오르내리면서 신체를 활발히 움직일 수 있는 환경을 제공한다.

똑해지기 위해 움직이는 신체가 필요하다고 한다. 늘 움직이고자 하는 신체적 경험은 지능의 자극체이다(윤선영 역, 2013). 아동의 움직임은 신체발달을 촉진하여 두뇌발달을 활성화하며 인지발달의 기초가 된다(Olds, 2001).

그러나 성인들은 많이 움직이는 아동을 산만하다고 생각하며 성가시게 생각한다. 특히 부모나 일반 성인들은 실내에서 아동의 움직임을 통제하고자 아동의 활동공간을 협소하게 하려는 경향이 있다. 아동이 생활하는 공간에 지나치게 많은 가구를 배치하여 아동의 움직임을 제한하거나 통제하려고 한다. 움직임이 부족한 아동은 본능적으로 움직이기 위한 장소를 찾게 되고, 그렇지 못한 경우 움직임에 제한을 받아 스트레스를 받으며 좌절하게 되어 부적절한 행동을 하게 된다. 즉 한 장소에서 움직이지 못하게 하면 안절부절못하거나, 만지지 못하게 하는 물건을 만지려 하는 등 정서적으로 불안정한 행동을 보인다. 많은 성인들이 이러한 행동을 반복하는 아동을 주의력 결핍이나 과잉행동으로 보고 문제아로 의심한다. 그러나 이러한 행동은 움직임이 제한되었기 때문에 나타나는 행동과 학습의 문제로 보아야 한다. 그러므로 실내에 충분히 움직일 수 있는 환경이나 공간을 제공할 수 없다면, 실외에서라도 충분히 움직일 수 있는 기회를 제공하여 아동의 활동욕구를 충족시켜 줘야 한다. 이렇게 되면 아동의 스트레스와 긴장이 해소되어 산만하고 부적절한 행동은 사라지게 된다.

2) 심리적으로 안락한 환경

아동은 주변의 물리적 환경에서 안락함을 느낄 때 주변에서 일어나는 일이나 사물에 관심을 갖는다. 우리가 편안함을 느끼는 장소를 생각해 보면 이러한 곳은 인간의 감각을 적절하고 다양하게 자극해 주는 곳이다. 인간의 감각기관은 일정한 상태를 유지하기보다는 자극의 변화에 민감하게 반응한다. 그러므로 고정되어 있는 건물에서조차도 미세한 변화를 원한다. 지나치게 많은 자극은 아동을 깜짝 놀라게 하고, 방향감각을 잃게 하지만 적당하게 다양한 움직임을 주는 적정수준의 자극은 '안락함'을 느끼게 한다. 즉 아동은 자극이 너무 많거나 적을 때보다는 적정한 수준의 자극이 제공될 때 안락함을 느끼면서 활동도 가장 많이 하게 된다. 즉 활동성은 자극이 증가함에 따라 증가되는 경향이 있지만 어느 시점에 이르면 너무 많은 자극은 오히려 활동성을 감소시키는 경향이 있다. 따라서 아동의 활동 수준은 자극이 너무 적거나 지나치게 많은 경우 동일하게 감소되는 경향이 나타나므로, 아동의 무관심이 자극이 너무 적은 데서 오는 지루함인지 또는 과도한 자극에서 오는 것인지 판단하기 어렵다.

안락한 환경은 너무 동일하여 획일적이거나, 너무 변화가 심하게 대비를 이루어서는 안 된다. 피스크와 매디(Fiske & Maddi)는 '동일성 가운데 변화(difference within sameness)'를 제공하라고 했다. 동일성 내에서 변화의 개념을 보여주는 가장 좋은 예는 자연이다. 산들 바람소리, 졸졸 흐르는 시냇물, 흔들리는 나뭇잎 사이로 비치는 빛은 인간에게 안락함을 주는 좋은 예이다. 아름다운 자연환경에서 느끼는 편안한 감정은 인간의 생체적 리듬과 유사하게 변하는 자연의 리듬이 동일하기 때문에 안락함을 느끼게 해준다. 아동은 이러한 변화를 직관적으로 감지하고

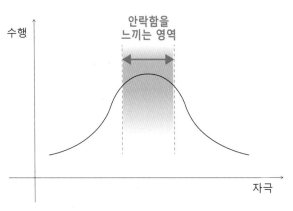

13 적정 자극 수준에서 아동은 가장 안락함을 느끼고 적절한 활동이 일어난다.

반응할 수 있기 때문에 실외에서의 확장된 경험이 필요한 것이다.

14 아동의 오감을 자극하고 놀이와 휴식이 모두 가능하여 즐거운 놀이경험을 제공한다.

15 물과 나무가 잘 조성된 지역사회 공원은 아동과 성인 모두의 오감을 자극하여 안락함을 준다.

16 아동의 오감을 자극하는 감각적으로 풍부한 놀이터 환경은 안락함을 준다.

17 아동들이 직접 재배한 텃밭에서 수확하는 야채는 새로운 경험과 자연에 대한 이해와 학습의 기회를 제공한다.

18 대규모의 개방된 도서관은 아동의 신체크기와 활동에 맞도록 비슷한 형태의 공간을 다양한 크기의 소규모 영역들로 분리하여 아동 스스로 자극과 경험을 조절할 수 있다.

19 커다랗고 부드러운 빨간 소파는 계단실 창으로 들어오는 햇살과 함께 아동에게 편안함을 전달한다.

3) 스스로 할 수 있도록 유능감을 주는 환경

20 어린이도서관에 설치된 자석 놀이판은 아동들이 스스로 자유자재로 옮기면서 놀이할 수 있도록 만들어져 있다.

21 이 놀이공간은 아동이 스스로 다양한 놀이를 선택할 수 있도록 다양한 공간과 재료가 준비되어 있다.

아동이 생활하는 환경은 아동이 일상생활에 스스로 적응하고 사용할 수 있도록 도와주어야 한다. 아동의 일상생활이 이루어지는 주변 환경은 흔히 신체적·정신적으로 미숙한 아동들에게 위협적이고 좌절감을 느끼게 한다. 예를 들면 수도꼭지는 너무 단단하여 돌리기 어렵고, 문손잡이는 너무 높게 달려 있고, 필요한 물건은 높은 위치의 선반에 놓여 있으며, 놀이기구들은 아동의 신체 크기에 적합하지 않는 등 아동 스스로 원하는 활동이나 생활을 하기에 유능감을 주지 못하는 환경이 많다. 아동이 유능하게 작업할 수 있는 환경은 아동이 스스로 할 수 있는 일을 찾고, 일을 통하여 자신을 표현할 수 있도록 환경을 제공하는 것이다. 그리고 집단의 크기를 줄이고, 아동 스스로 활동의 한계와 가능성을 인식하도록 도와준다. 한편 아동 스스로 물건을 사용할 수 있도록 유도하고, 집중할 수 있는 환경과 생각을 명확하게 하고 행동할 수 있도록 도와준다. 이러한 환경은 할 일이 다양하며, 다양한 장소와 물건과 공

22 라이트 테이블 위에서 다양한 놀이를 경험하게 함으로써 아동의 유능감을 키운다.

간이 잘 배치되어 접근성을 좋게 한다.

4) 자신을 통제하고 조절할 수 있는 환경

아동이 자신을 통제하고 조절할 수 있는 환경을 제공하기 위해서는 아동의 사생활을 보호하고, 예측 가능한 공간을 보여주고, 심리적인 안정감을 줄 수 있는 공간 배치가 중요하다. 성인들은 아동을 보호하고 감독해야 한다는 이유로 아동의 사적인 생활을 종종 무시한다. 하지만 성인과 마찬가지로 아동 역시 휴식할 수 있는 개인적인 장소를 필요로 하고 이러한 장소가 없을 때는 힘들어한다. 아동들이 개인적으로 쉴 수 있는 이상적인 장소로 아늑하게 둘러싸인 작은 공간이나 창문 아래의 나지막한 곳, 바닥에서 한 단 높인 플랫폼, 벽장 등이 있다.

23 소그룹의 아동이 휴식하고 이야기할 수 있는 사적 공간은 심리적 안정감을 준다.

24 교실 한쪽에 설치된 라이저(riser)는 휴식을 취하거나 책을 읽고 싶은 아동을 위해 배려한 영역으로 제공된다.

이러한 장소는 아동이 쉽게 접근할 수 있고 사적인 요구를 제공할 수 있다. 아동에게 예측 가능한 공간이란 '이 방은 어디로 들어와서 어디로 나갈 수 있는지, 다른 방과 어떻게 연결되어 있는지'에 대해 스스로 쉽게 이해할 수 있는 공간을 의미한다. 미로같이 복잡하게 연결된 공간이나 상자 같은 방 또는

25 넓은 교실의 산만함을 줄이고 안정된 공간을 주기 위해 가제보를 설치하여 다른 영역과 구분되는 효과를 준다.

너무 많은 벽으로 둘러싸인 작은 방들은 아동을 혼란스럽고 불안하게 만들며, 주변과 격리감을 느끼게 한다. 따라서 아동의 공간에 대한 예측 가능성을 높이기 위해서는 방 전체를 볼 수 있는 로프트를 설치하거나 창문을 통해 외부를 볼 수 있도록 창턱을 아동의 눈높이에 맞추어 낮게 설치하도록 한다. 아동에게 심리적 안정성과 조절감을 주기 위해서는 방의 가장 아늑한 장소에 등을 기댈 수 있는 벽을 마련한다. 아동은 이러한 환경을 통해 스스로 조절감을 기를 수 있다.

5) 네 가지 요구의 조화

아동을 위한 환경은 움직임, 안락함, 유능감, 조절감의 요구를 충족시켜야 하며, 이러한 네 가지 요구는 조화가 필요하다. 네 가지 요구 중 어느 한 요구가 제한되어 부족하다면, 다른 요구가 충족되도록 해야만 한다. 예를 들어 아동이 자유롭게 움직일 수 없는 협소한 공간과 스스로 통제할 수 없는 환경이 동시에 제공될 수밖에 없는 상황이라면, 그 대신 안락함을 줄 수 있는 자연적인 환경 속에서 감각적으로 다양하고 풍부한 요소를 제공하여 아동 스스로 자연을 탐색하고 주의를 집중할 만한 흥미를 이끌어내야 하며 편하게 앉을 수 있는 안락한 장소와 전체를 조망할 수 있는 전망이 제공되어야 한다.

"진정으로 아동이 어떻게 성장하기를 바라는가?"라는 심도 깊은 질문에 대한 답을 찾고자 노력할 때 우리는 비로소 아동을 위한 환경을 제공할 수 있는 해답을 찾을 수 있을 것이다.

심리학에서는 "행동은 사고에 의한 것이다(Action follows thought)"라고 말한다. 우리는 먼저 행동한 다음 나중에 우리가 한 행동에 대해 생각하지만 행동에 앞서 정신적인 구조, 즉 생각, 신념, 느낌 없이는 행동할 수 없다. 반대로 행동은 행동하기 전의 사고가 반영된 것이다. 행동을 바꾸기 위해서는 먼저 사고나 신념이 변화되어야 한다. 감각적인 변화가 거의 없고 자연환경이 전혀 제공되지 않는 콘크리트 건물 안에서 아동을 키우다 보면, 자연은 그다지 중요하지 않게 생각되고 감각을 자극할 수 없는 단조롭고 변화가 적은 삭막한 환경이 아동의 발달을 해치지 않을 것이라고 믿게 된다.

아동을 위한 환경을 디자인하는 데 성인들의 제한된 시각과 부족한 상상력은 매우 큰 문제가 된다. 이상을 추구하는 대신 현재 상황, 예산 그리고 시간을 먼저 고려하는 경향이 나타나는 것이다. 흔히 최소한의 법적기준은 아동의 복지가 위험한 수준 이하로, 최하 수준을 목표로 설정한다. 비타민 일일 최소 요구량이 건강 또는 수명에 충분하지 않은 것처럼 최소한의 요건은 아동발달 면에서 아동 보육을 적절하게 보장하지 못하고, 그저 최소한의 것들만 제공할 뿐이다. 만약 아동을 위하여 원대한 가능성과 목표를 높이려고 하기보다 최저 수준의 기준에 맞추는데 중점을 둔다면, 우리는 단지 최소한의 요구에 기준을 두게 될 것이다.

아동이 넓게 자유롭게 움직이고, 물과 물감을 마음대로 가지고 놀며, 아름다운 음악소리를 듣고, 신기한 냄새를 맡으며, 다양한 감촉을 느낄 수 있는 환경을 계획하는 것은 곧 기회와 가능성에 신뢰를 주는 환경을 제공하는 것이다. 이러한 아동 환경에 대한 인식은 성인들이 아이들을 기르는 것을 이해하고, 계획하는 전 과정에 걸쳐 적용되어야 한다. "뜻이 있는 곳에 길이 있다"라는 것을 전제하고 일을 할때, 아동에게 진정으로 가치 있는 환경이 만들어질 수 있는 기회가 생길 것이다 (Olds, 2001).

4. 장소성 : 아동에게 의미 있는 환경

자연, 장소, 공간, 건물, 시설, 설비물, 놀잇감, 놀이기구 등 아동을 둘러싼 주변 환경은 아동이 할 수 있는 것과 안전, 자존과 표현의 자유에 대한 메시지를 전달하고 아동의 감정에 가장 많은 영향을 준다. 아동은 환경에 대해 직감적으로 반응하는데, 이를 '마음속의 인지'라고 한다. 이러한 아동의 '마음속 인지'를 이해하기 위한 가장 좋은 방법은 아동과 함께 시간을 보내면서, 아동의 눈으로 세상을 보는 것이다. 이때 중요한 것은 주변의 물리적인 미세한 속성을 인식하고, 감각을 열고, 다음과 같은 질문을 해 보는 것이다.

- 이 장소에서 얼마나 많은 종류의 바람을 듣고 느낄 수 있는가?
- 내 눈에 보이는 잎의 색깔은 얼마나 많은가?
- 이 장소가 습한지, 습하지 않은지, 쓴맛인지, 단맛인지, 어떤 냄새가 나는지 맡을 수 있는가?
- 땅, 바위, 벽돌, 콘크리트 위에 앉는 느낌은 각각 어떻게 다른가?
- 펜이나 종이 같은 평범한 물건에서 특별한 것을 경험할 수 있는가?

다음으로, 어릴 적 경험이나 추억과 함께 마음속 인지 또는 기억되는 장소, 즉 장소성에 대한 유년기의 경험을 통하여 아동과 성인이 인지 또는 기억하는 장소의 차이를 찾아보자. 그러면 아동과 성인의 장소 또는 상황을 바라보고 기억하는 형상이 얼마나 다른지를 이해할 수 있을 것이다.

이러한 '기억 속 인지'를 이해한다면 다음의 장소성에 대한 일반적 특성을 쉽게 파악할 수 있을 것이다.

1) 자연광

하루와 계절에 따른 빛의 변화가 장소를 변화시킨다. 일광의 다양함과 미묘함인 광채, 온도, 색, 빛과 그림자의 방향은 광범위한 지각에 의해 진행된다. 이것은 시간과 공간에 적응하는 인간의 생체리듬에 도움을 준다. 건축은 동서남북에서 오

26 이 방의 고창과 긴 측창의 형태는 빛으로 인한 공간의 변화를 주고 있다.

27 창문에서 비추는 빛은 계단과 공간을 색다르게 만들 수 있다.

28 이 방의 한 면 전체가 창으로 되어 있어 많은 빛이 실내 공간의 다양한 변화를 만든다.

29 야외에 만들어진 도서관은 나무와 햇빛으로 인하여 시간에 따라 장소성이 변한다.

는 빛의 다양한 특성이 드러나도록 창문을 만든다. 하루 동안 시간에 따른 자연광의 변화는 공간과 장소의 변화를 가져와 생동감을 주어 장소성을 지닌다. 따라서 아동이 생활하는 공간과 장소의 창문 위치와 방향, 크기는 자연광을 잘 적용해 계획한다.

2) 동일성 가운데 변화

앞에서 언급한 것과 같이 신경계는 안정된 상태를 감시하기보다 환경 변화에 더 적정하게 반응한다. 동일성과 변화가 없는 것이 오히려 더 부자연스럽고 유지하는

30 나무가 울창한 이 장소는 오감을 자극하는 자연환경으로 인하여 자연스런 변화를 준다.

31 이 교실은 이층 로프트와 빔을 활용한 트랙조명을 설치하여 개성을 살리고 공간에 변화를 주고 있다.

데 많은 양의 에너지를 요구한다. 자연 세계와 같이 다양한 형태의 자극과 미묘한 변화가 있는 환경이 가장 바람직하다.

3) 안전

아동은 개인적으로 안전에 큰 관심을 가지고 있으나, 스스로 위험에 대처하는 데에는 한계가 있다. 또한 아동은 오랜 시간 동안 제한된 공간에서 집단으로 있으면서 움직이지 못하게 하는 것과 감시받는 것도 힘들어한다. 안전에 대해 계속 염려하면서 불안하게 생활하는 것은 신체의 면역시스템과 긴장을 풀 수 있는 힘이 감소하여 건강에 부정적인 영향을 끼칠 수 있다. 그러나 장소성을 지닌 곳은 다양한 공간, 사생활과 소집단을 위한 선택, 영역성, 주변 환경과 상호작용하면서 신체적 휴식을 할 수 있는 구석과 틈새공간을 제공함으로써 위험 신호를 줄여 주어 안전함을 느끼게 해 준다.

32 나무울타리로 구획한 이 장소는 다른 장소와 구분되어 안락감과 안전감을 준다.

33 터널 안과 같은 장소는 아동에게 사적인 느낌과 안전감을 동시에 준다.

4) 아름다움

장소성을 지닌 곳은 아름답고, 강력한 재생력이 있다. 물리적으로 완벽한 아름다운 장소는 심적인 완전함과 고요함을 주고, 생기가 있어 행복에 가깝고 자유로운 느낌이 들게 한다. 미적인 풍부함을 주는 디자인은 건물이나 방의 모든 곳에 적용될 수 있다. 아동의 관점에서는 아름다운 표면으로 조각되고, 그려지고, 꾸며지고, 조형될 수 있다. 그러면 이러한 공간은 생동감을 가진 '살아 있는' 장소가 되고, 이러한 특성을 지닌 장소는 아동과 상호작용하면서 놀이가 일어나고 반응하면서 다양한 신호를 보낸다.

34 아동들이 집중하여 바닥에 있는 곤충을 관찰할 수 있는 이러한 모습은 자유로움과 평화로움을 주는 아름다운 장소이다.

35 건물의 독립된 배치로 만들어진 장소는 자연스러운 공간을 제공하여 신비로운 곡선의 아름다움을 준다.

5) 자연과 부지의 조화

대부분의 문화에서는 자연 지형과 관련하여 건물의 가장 좋은 위치, 건물의 방향과 디자인, 가구 위치를 정하기 위하여 흙점(geomancy : 흙모래 한 줌을 땅에 뿌려서 그 모양을 보고 치던 점)을 치던 관습이 있다. 부지를 신성하게 여기고 개선하고 통합함으로써 의미를 지닌 건물은 자연 세계와 복잡하게 연결되어 있다. 미리 생각한 '계획'에 따라 설계하는 것보다 그 지역 고유의 재료를 사용하여 특정 위치에 독특한 형태로 지었다. 자연을 최대한 존중하여 식물과 구조물이 많이 성장할 수 있도록 하고 내부까지 건물이 부지와 통합되도록 하였다.

의미 있는 장소는 능동적이고 수동적인 상호작용이 다양하게 일어난다. 예를 들면 니치(niche)[*], 좋아하는 물건, 랜드마크(landmark)[**]와 노드(node)[***], 통로(path)

---

* 니치(niche) : 서양 건축에서 벽면을 부분적으로 오목하게 파서 만든 감실의 형태를 뜻함.

** 랜드마크(landmark) : 도시의 큰 건물이나 기념관같은 건물로 도시의 이미지를 상징적으로 나타내는 데 중요한 역할을 함.

*** 노드(node) : 두 개의 도로가 교차하는 지점으로 행위가 집중되는 공간을 뜻함.

36 마당에 설치된 놀이기구와 놀이집, 모래놀이터, 잔디밭, 데크 등이 제공되는 이 실외 놀이 환경은 자연과 부지의 조화가 서로 잘 어우러져 보인다.

37 인공적으로 설치된 터널이 주변의 자연과 잘 어울려 자연스런 언덕의 모습으로 자리하고 있다.

가 명확히 구분되고 섬세하며, 어떤 곳을 가도 볼 수 있게 개방되어 있고 아늑하며, 전망, 신비로운 느낌, 꼬불꼬불한 길과 같은 요소로 되어 있는 것으로 실제 연구에서 입증되었다(Kaplan, 1982; Lynch, 1976; Hiss, 1990). 이러한 특성이 다양할수록 장소의 느낌은 더 좋다. 장소성은 동일함과 완전함이 아니라 대조, 다양성, 불완전성을 지니고 있다.

6) 인간과 장소의 정체성

건물은 공간의 위치를 나타내고, 건물과 그 주변은 특정한 정체성을 지닌 '장소'를 만든다. 그러나 장소성은 물리적 요소뿐 아니라 그것을 사용하는 사람들의 역사, 참여, 소속에 의한 것으로 주변과 함께 성장하는 상징적 의미도 가지고 있다. 이것은 유적지에서 느껴지는 감정이 동일시되어 인간의 마음을 움직이게 하는 힘을 가지고 있는 것과 같다. 시간이 지남에 따라 인간과 장소가 동일시되는 경험은 정체성의 일부로 인식되어 거주성과 장소성을 모두 지닌다. 아동은 특정한 길을 걸을 때, 나무 아래에 서 있을 때, 어떤 곳에서 맞는 비, 눈, 안개, 얼음, 더위, 추위 같은 느낌들을 경험함으로써 그 장소의 모든 것을 알게 된다. 예측된 환경의 경험은 개인적인 정체성, 감정적 안정성이 함께 복합적으로 연결되고 장소성이 혼합되어 하나의 '특성'이 된다. 이러한 기억은 유년기 장소의 생생한 이미지로 오래 남는

38 이 천창은 하늘의 구름 모습과 날씨 변화를 볼 수 있어 유년기 아동에게 오래 기억될 수 있다.

39 우리나라 전통 건축물의 문과 창에서 볼 수 있는 장식의 문양은 전통 요소로 오래 기억되는 요소이다.

다. 건물 형태와 관련된 상징적인 의미는 유년기에 학습된다. 즉, 바닥은 지지와 정서적 안정을, 벽은 분리와 둘러싸임을 나타내고, 창은 확장감을, 지붕은 안식처를 의미한다. 소유와 격리, 접근, 조절과 같은 개념은 특정한 공간에서 학습되듯이 아동 정체성의 일부가 된다.

모든 공간과 사물은 물리적 속성을 나타내고, 아동의 생각과 감정에 연결되어 결합된다. 오래된 계단의 삐걱거림, 뒤틀린 캐비닛 문, 초승달 모양의 문고리, 빗장 걸린 문, 움푹 들어간 거실, A자모양의 지붕 등 여러 가지 사물의 물리적 속성의 정보는 시간이 지남에 따른 사용자의 흔적들로, 유년기 경험의 일부로서 정체감을 형성한다. 특정하게 만들어진 역사와 아동은 하나가 되고, 장소의 정체성이 풍부하고 자유로움을 주는 환경은 장소와 연결되어 개인의 정체감 형성에 도움을 준다.

7) 대비

아름답고 의미 있는 건물을 만들고자 제이콥슨(Jacobson), 실버스타인(Silverstein), 윈슬로(Winslow)에 의한 《The Good House》[*]에서 좋은 건물 디자인은 대비되는 경험, 특히 '안과 밖(in & out)', '위와 아래(up & down)', '밝음과 어둠(light & dark)', '거칢과 부드러움(exposed & tempered)', '있음과 없음(something

---

[*] Jacobson, Silverstein, and Winslow(1990). The Good House. The Taunton Press.

& nothing)', '질서와 신비(order & mystery)'의 6가지 대비를 강조한다. 한 특성을 알기 위해서는 정반대되는 극단을 경험해야 한다. 대비는 흥미로운 장소를 만드는 시발점으로 디자인은 대비되는 특성을 배치한다. 예를 들어 실내의 방(안)은 건물 벽으로 마당(밖)과 분리한다. 또한 대비는 연결에 의해 조정된다. 예를 들면 출입구는 실내와 실외를 동시에 경험할 수 있다. 서로 반대되는 대비 사이에 전이공간을 둠으로써 연결은 대비감에 활기를 준다. 구조는 대지, 건물 평면, 방, 방 안의 영역, 방의 건축적 요소(창문, 문, 바닥 형태, 벽 테두리)와 같은 모든 스케일에서 대비되는 요소로 연결될 때 더 깊어진다. 그러므로 디자이너는 두 요소 간의 대비가 필요한 곳에, 대비되는 부분에 연결을 하고, 크고 작은 스케일에 이러한 특성을 확대 적용하려고 한다. 모든 수준의 스케일에서 대비가 사용되므로 여섯 가지 대비와 그 적용에 대한 내용을 노트 2에서 설명한다.

[노트 2] 여섯 가지 대비

● 안과 밖(in & out)

'안과 밖'은 구조에 의한 둘러싸임 또는 노출 정도를 말하며, 내부와 외부의 관계를 의미한다. 움푹 들어간 정도에 따라 안으로 표현하는 공간은 코너나 가장자리가 명확하고, 겹으로 둘러싸인 공간으로 접근한다. 또한 창문과 문의 분할, 모양, 크기가 둘러싸인 느낌을 준다. 밖의 느낌은 투명성과 정도에 따라 방이나 건물의 벽을 넘어 더 멀어지고 더 커진다. 안과 밖을 연결하는 곳은 출입구, 발코니, 데크, 중정, 앞과 뒷마당, 울타리, 아케이드, 깊은 처마 밑, 문과 창문의 돌출부, 주변 경관을 둘러싼 건물 벽이 확장된 부분이다.

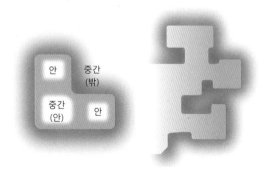

40 안과 밖　오목하게 둘러싸인 부분은 안의 느낌을 주고 볼록하게 튀어나온 부분은 바깥의 느낌을 준다.

밖   연결지점   안

41 안과 밖을 연결하는 지점
건물의 안과 바깥이 데크로 연
결되어 아동은 공간을 다양하
게 경험할 수 있다.

   아동은 우묵한 곳과 숨을 수 있는 곳, 틈새공간과 아동의 신체 크기에 맞는 공간을 좋아한다. 이러한 공간에서 아동은 안전함과 보호감, 조절감을 느끼게 된다. 안은 친밀감을 주는 반면 밖으로 불리는 곳은 아동 본성이 표현되어 공간을 통한 확장감과 자유로운 움직임이 가능하다. 아동은 안과 밖을 자유롭게 넘나들며 길에서 또는 길 안에서 놀이를 하며 집 근처 보도나 입구에서 놀기를 좋아한다.

● 위와 아래(up & down)

   '위와 아래'는 높고 낮음, 하늘과 땅의 관계이며, 신체의 수직성이 반영된 것이다. 위와 아래의 대조감을 주기 위해서는 천장과 바닥 높이의 변화, 벽난로 선반, 가구의 존재, 다양한 높이의 그림, 계단참에서 보이는 전망, 발코니와 좁은 통로, 가파름, 밝기, 시원함과 스릴감을 주는 곳을 제공한다. 위와 아래의 연결 부분은 2개가 분명히 구분된다. 예를 들면 지하와 다락, 일시적으로 연결되는 변화(한쪽은 순환공간이고 다른 높이는 인접한 방의 천장), 전이적인 연결을 사용하여 높든지 낮든지 또는 램프같이 연속적이든지 높이를 다양하게 한다. 건물 아래 부분의 디자인은(특히 넓다면) 지상과 연결하여 표현한다. 기둥, 보, 들보, 받침대, 벽, 기둥과 같이 수직성을 표현한다. 그리고 아동은 테이블, 계단, 놀이집, 숨을 수 있는 '아래'를 좋아하므로 플랫폼, 라이저, 로프트를 두어 아동에게 공간의 변화와 위와 아래의 변화를 경험할 수 있도록 하는 중요한 방법이다.

42 위와 아래   바닥을 높게
또는 낮게 하거나, 천장 높이를
달리하여 아동에게 위와 아래
에 대한 경험을 제공한다.

● 밝음과 어둠(light & dark)

빛의 중요성은 이미 여러 번 언급했지만, 빛은 어둠에서만 가능하다. 빛은 물리적 세계에서 사물, 색을 흡수 또는 반사시킨다. 따라서 어두운 공간은 큰 창과 채광창에서 비치는 빛과 대조하여 균형을 이루고, 빛이 비추는 곳은 움직이는 그림자와 얼룩진 빛의 효과를 부드럽게 해준다. 전체적으로 균일한 조도의 활동성을 강조하는 빛 우물, 휴식을 위한 어두운 곳이 중요하다. 빛과 어둠의 연결은 격자창, 차양, 격자세공, 얇은 커튼, 길게 뻗은 처마, 깊은 창틀, 채광창, 간접조명을 사용한다. 아동은 그림자놀이와 여러 가지 재료에 빛을 비추는 것에 흥미를 갖기 때문에 디자이너는 자연광을 사용할 수 있다.

● 거칢과 부드러움(exposed & tempered)

거칢과 부드러움의 대조는 젖음, 건조, 더위, 추위, 바람, 고요함의 물리적 특성과 관계가 있다. 이러한 특성의 연결은 깊은 처마가 있는 지붕 아래 폭풍우를 피하여 보호된 느낌, 쌀쌀한 밤에 캠프파이어의 편안함, 눈을 뭉치고 난 후 난로에서의 따뜻한 손 녹임, 더운 날 야외에서의 샤워와 같은 것이다. 출입구, 옥외 룸, 창문 아래 앉는 곳, 둘러싸인 중정, 정원 벽, 쉴 수 있는 나무, 실내 수영장과 연못은 모두 중요한 연결 방법들이다. 아동은 실내외 남쪽에 면한 곳과 아늑한 벽난로가 있는 구석을 좋아한다. 부분적으로 둘러싸인 중정과 나무는 아늑하고, 마음속에 오래 남을 수 있는 독특한 장소이다.

● 있음과 없음(something & nothing)

있음과 없음의 대조는 부피, 형태, 장식의 있는 것과 없는 것이다. '있음'은 건물의 벽, 돌과 두꺼운 목재와 같은 재료 사용과 깊이 드러난 창문이 있는 것을 말한다. '없음'은 장식이 없고 빛, 투명함, 유연성이 있는 재료의 사용이다. 바위와 같은 것은 있는 것, 넓고 트인 벌판은 없는 것이다. 있음과 없음의 연결은 평안, 균형, 안정에 도움이 되며 내용이 없는 것과 내용이 많은 것을 연결하는 지역이다. 아동은 무언가를 할 수 있는 것과 아무것도 하지 않는 것이 필요하다. 그러나 장난감이 보관된 벽(있음)에 텅 빈 플랫폼(없음)을 가까

43 있음과 없음 창이나 문 가장자리를 두껍게 하여 부피감을 더한다.

이 두어 기회를 주는 것이 장난감으로만 가득한 공간(있음)이나 가까이에 장난감이 없는 플랫폼(없음)만을 설치하는 것보다 더 창의성을 유도한다. 상자 같은 획일적인 공간과 오늘날 많이 사용하는 조립식 건물은 아동에게 이러한 경험을 주지 못한다.

● 질서와 신비(order & mystery)

질서는 계획된 도로와 건물 배치, 기계로 만들어진 제품, 표준화된 고층 건물의 창문의 크기와 동일한 형태에서 볼 수 있다. 이에 반해 신비는 수공품, 부분적으로 숨겨지고, 예측할 수 없는 것에서 볼

수 있다. 질서와 신비의 연결은 기성품과 수공품 모두에 있다. 실내 창문과 반벽(half walls)은 방과 복도와 같이 기능적인 영역과 분리되고 연결될 수 있으며, 영구적인 니치는 꽃과 작품을 전시할 수 있다.

또한 방 전체 카펫은 부분 카펫과 가구 배치로 변경할 수 있다. 아동은 특정한 기능과 연결되는 모호한 공간을 더 좋아한다. 왜냐하면 그런 공간은 사물의 관계를 설명해 주고 은연중에 질서영역에서 기대되는 자유를 아동에게 주기 때문이다. 아동은 안전을 위해 질서가 필요하고 경이로움을 만족하기 위해 신비를 원한다.

● 여섯 가지 대비의 연결

대비의 여섯 가지 차원이 서로 강화되고 통합될 때 아동을 위한 디자인은 더욱 풍성해진다. 여러 가지 대비들이 동시에 존재함으로써 더 효과적인 영향을 끼친다. 예를 들면 낮은 천장에 알코브를 주고, 국부조명으로 바닥 면적을 줄여 주고, 색을 특별하게 한다. 직관적으로 어떤 차원은 자연스럽게 연결된다. 그런 곳은 밝으면서 높은 곳, 어두우면서 낮은 곳, 신비하고 비어 있는 낮은 곳, 어둡고 가득 차 있는 안(내부), 밝고 비어 있는 밖(외부) 등이다.

44 공간감의 대비　알코브에 설치된 낮은 캐노피와 벤치는 공간의 다양한 대비 경험을 제공한다.

45 명암의 대비　건물과 건물 사이에 만들어진 골목이 명암의 대비효과를 주어 아동에게 흥미로운 장소를 경험하게 한다.

아동과 환경과의 상호작용

아동은 주변의 모든 환경적 자극 정보를 받아들이고 반응하는 과정에서 환경과 상호작용하면서 인지발달이 이루어진다. 아동이 주변의 환경적 자극 요소들과 어떻게 상호작용하는지 이해하기 위해서는 인간과 환경의 관계를 먼저 이해해야 한다. 인간은 일상 속 주변의 환경적 자극 요소들과 상호작용하면서 많은 영향을 주고받는다. 인간의 존재감은 주변 환경과 상호작용하면서 일련의 태도를 형성하고, 그에 따른 반응과 행동을 시작한다. 인간은 환경지각 및 인지과정을 통해 주변 환경을 알고 이해하게 되므로 인간 행태를 이해하기 위해서는 환경지각 및 인지에 대한 연구가 필수적이다(임승빈, 2008). 본 장에서는 인간이 환경과 상호작용하는 과정에서 나타나는 환경지각과 인지과정을 통해 인간과 환경의 관계를 이해함으로써 환경 행태적 관점에서 아동과 환경의 상호작용에 관한 이해에 도움을 주고자 한다.

1. 인간과 환경의 상호작용 과정

환경지각은 인체의 감각기관을 통하여 현존하는 환경에 대한 정보를 감지하여 받아들이는 과정을 포함한다. 환경인지는 현존하는 혹은 과거에 경험했던 환경(자극)에 대한 정보를 저장, 조직, 재편성, 추출하는 과정을 포함한다. 환경에 대한 태도는 환경의 내용에 대한 '우호적'인 혹은 '비우호적'인 감정을 말하는 것으로 선호도 또는 만족도 등으로 표현된다(Holahan, 1982). 이들 환경에 관한 지각, 인지 및 태도는 상호 독립된 별개의 과정이 아니고, 상호 연결된 하나의 과정을 이루는 부분으로서 이해된다.

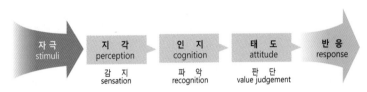

1 자극-반응의 과정

일반적으로 지각(perception)과 인지(cognition)는 연속된 하나의 과정으로 이해된다. 지각은 "감각기관의 생리적 자극을 통하여 외부의 환경적 사물을 받아들이는 과정 혹은 행위"를 말한다(Moore and Golledge, 1976). 여기서 감각기관이란 보고, 듣고, 냄새 맡고, 맛을 보고, 촉감을 느끼는 모든 기능을 포함한다. 인지는 "과거 및 현재의 외부적 환경과 현재 및 미래의 인간행태를 연결짓는 앎(awareness) 혹은 지식(knowing)을 얻는 다양한 수단"을 말한다(Moore and Golledge, 1976). 또한 인지는 "개

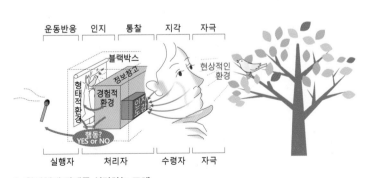

2 환경행태 관계를 설명하는 도해

인의 환경에 관한 지식이 증가되거나 수정되는 과정"이라고 볼 수 있다(임승빈, 2008).

일반적으로 지각은 '환경적 사물을 받아들이는 과정'을 강조하고, 인지는 '아는 과정'을 강조한다. 인간이 어떤 사물을 지각할 때 인간은 인간 자신의 사상, 그 사물에 대한 인상 혹은 그 사물과 관련된 과거의 경험 등에 따라 그 사물을 인지하게 된다(Moore and Golledge, 1976). 따라서 지각과 인지는 별개의 과정이라기보다는 거의 동시에 일어나는 상호 융합된 하나의 과정이라고 할 수 있다. 한편, 환경지각과 인지를 연속된 전후의 과정으로만 볼 것이 아니라 별개의 과정으로 이해할 수도 있다.

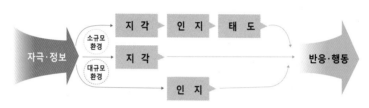

3 지각과 인지의 독립된 과정

1) 환경지각

(1) 개념

지각이란 전통 심리학의 중심적인 연구분야로서 일정한 정보가 인간의 감각기관을 통해 들어오는 일련의 과정으로 정의할 수 있다.

환경지각 역시 지각과 비슷한 개념으로 환경심리학의 주요 개념이며, 인간과 환경과의 상호작용을 이해하는 기초적 단계이다. 즉, 인간이 환경과 상호작용하고 있는 동안에는 반드시 환경에 대한 지각과정이 발생하며, 이때 시각, 청각, 후각, 촉각과 같은 인체의 감각기관에 의해 환경자극에 대한 정보가 감지된다.

환경자극을 수집하고 해석하는 과정에서 존재하는 두 가지 개념, 즉 감지(sensation)와 지각(perception)은 구분할 필요가 있다. '감지'란 소리, 빛과 같은 단순한 자극에 반응하는 인간 감각기관의 직접적이고 단순한 활동인 반면, '지각'

이란 일상생활에서 접하는 의미 있는 자극에 반응하는 복합적, 적극적인 과정으로 자극이 지닌 의미와 이를 지각하는 개인의 과거경험이 사고 작용에 개입하게 된다.

홀라한(Holahan, 1982)은 '환경지각이란 인체의 감각기관을 통해 현존하는 환경에 대한 정보를 감지하여 받아들이는 과정'으로 정의하고 있으며, 무어와 골리지(Moore & Golledge, 1976) 역시 '환경지각은 감각기관의 생리적 자극을 통해 외부의 환경적 자극을 받아들이는 과정'으로 정의하고 있어 환경지각은 감지와 지각의 두 개념이 포함되는 과정임을 알 수 있다.

(2) 환경지각 과정

환경에 대한 지각은 현존하는 환경적 자극을 감지하는 것과 이들 자극과 유사한 과거에 경험한 자극에 대한 정보를 수집하는 것이 포함된다. 즉, 현재의 자극과 과거의 경험을 바탕으로 자극 대상으로부터 일정한 양식을 추출함과 동시에 이 양식과 관련된 의미를 추출하는 일련의 과정을 포함한다.

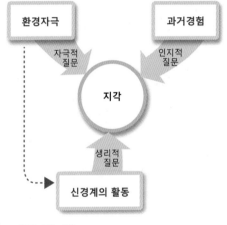

4 환경지각 과정

지각체계는 물리적인 환경의 속성, 이것을 수용하고 전달하는 신경계통의 전기적 활동, 지각자의 경험과 지식이라는 세 가지 유형의 정보에 포함된 단서로 주변의 물체가 무엇인지 결정한다.

환경지각 과정에 대해 이텔슨(Ittelson, 1974)은 이 과정에 내재하는 요소들을 더욱 구체적으로 구분하여 인지요소, 감정요소, 해석요소, 평가요소로 분류하였다. 먼저 인지요소는 지각된 자극 혹은 장면에 대한 시각상, 청각상, 심상과 아울러 그 환경에서 무엇을 할 수 있는지에 대한 사고를 포함한다. 또한 감정적 요소는 지각 대상이 되는 자극에 대한 우리의 느낌이 존재한다. 인지과정과 감정과정 외에도 지각과정에는 지각된 환경에 대한 의미도 포함된다. 끝으로 환경지각 과정에는 환경에 대한 가치부여, 혹은 좋고 나쁜 요소에 대한 판정이 포함된다.

환경지각 과정에는 다양한 요인이 영향을 미치는데, 이들 요인은 주로 지각자인 인간의 속성과 관련이 있는 것으로 인간의 사고과정인 인지적 측면과 인간 및 환경의 지각배경 측면이 있다. 첫째, 모든 환경에는 그 환경이 갖는 특수한 물리적·사회적·문화적·미적·경제적 속성에 따라 일정한 의미가 존재한다. 둘째, 문화적·사회적·성별·개인차 등은 환경을 지각하는 과정에 영향을 미친다.

(3) 환경지각 이론
① 구조주의적 접근
구조주의적 접근(Structuralism)은 지각을 산출해 내는 대뇌의 생리적 구조의 역할을 강조하는 관점으로, 생리적 측면에서 지각을 고찰하는 입장이다. 인간은 여러 가지 종류의 자극을 거의 동시에 감지하는 것이 보통이며, 따라서 지각을 보는 관점이 자극 – 감지 – 인지라는 대뇌의 일정한 구조적 과정을 중시함에 따라 구조주의적 접근으로 불린다.

5 '자극 – 감지 – 인지'라는 대뇌의 일정한 구조적 과정을 생리적 과정에서 고찰하는 입장이다.

② 구성주의적 접근
구성주의적 접근(Constructivism)은 지각 과정을 하나의 총체적 과정으로 보는 관점으로, 전통적인 구조주의적 접근이 지각 과정을 몇 개의 요소나 인자로 나누어 분석하는 데에 대한 반대적 견해를 제시한 데서 비롯되었다. 구성주의자들의 지각이론은 '단순감각에다 무엇인가를 더 보태어 이 감각들보다 큰 전체의 일부로 해석한다'는 것이다.

이러한 개념은 '게스탈트학파'라고도 한다. 이들은 '전체는 부분의 합 이상'이며, 인간의 지각은 총체적인 과정으로서만 이해가 가능하다고 주장하였다. 이들의 관점에 대한 이해를 돕기 위해 지각법칙의 네 가지 근접성, 폐쇄성, 유사성, 연속성의 기본원리를 도식과 함께 설명해보면 다음과 같다.

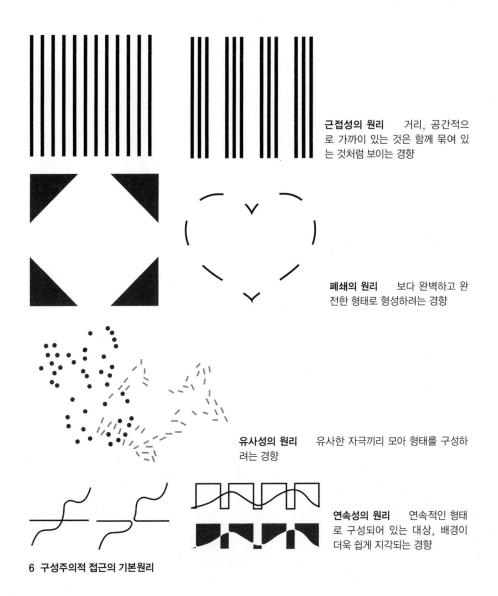

근접성의 원리　거리, 공간적으로 가까이 있는 것은 함께 묶여 있는 것처럼 보이는 경향

폐쇄의 원리　보다 완벽하고 완전한 형태로 형성하려는 경향

유사성의 원리　유사한 자극끼리 모아 형태를 구성하려는 경향

연속성의 원리　연속적인 형태로 구성되어 있는 대상, 배경이 더욱 쉽게 지각되는 경향

6 구성주의적 접근의 기본원리

③ 기능주의적 접근

　기능주의적 접근(Functionalism)은 사람들의 환경지각이 지각자의 요구에 잘 대응되는 방향으로 이루어진다는 관점이다. 이 분야의 대표적인 이론은 깁슨

(Gibson)의 생태적 이론과 브른스윅(Brunswick)의 확률적 이론이 있다.

김슨의 생태적 이론은 환경자극 자체에 이미 생태학적 특성인 개인적·사회적·물리적 의미가 내재되어 있으므로 지각자의 재해석과 구성이 불필요하다고 보는 관점이다. 김슨의 이론에 따르면 인간은 환경 내에서 대상물의 '지원성'을 지각하게 되며 이 지원성에 대한 지각은 궁극적으로 환경과 어떻게 상호작용할 것인가를 지각하는 것이므로 이를 바탕으로 환경 내에서 행위가 결정되게 된다.

브른스윅의 확률적 이론(렌즈모델)은 환경으로부터 오는 자극은 단편적인 정보일 뿐이며 감지된 자극을 해석하는 데 있어서 개인이 보다 적극적인 역할을 한다는 것이다. 즉, 지각과정은 환경으로부터 다양한 자극들을 모아서 유기체의 관점에서 재구성함으로써 이루어지며 이러한 과정이 렌즈 모양을 형성하고 있어서 렌즈모델이라 불리게 되었다.

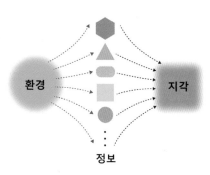

7 기능주의적 접근(브른스윅의 확률 이론)

환경에 대한 다양한 정보들은 지각자들에게 다양한 행동을 유도할 수 있으므로 아동을 위한 환경은 더욱더 다양한 관점에서의 디자인이 요구된다.

인지, 행동, 다른 사람 또는 사물과의 관계에서 이루어지는 환경과의 상호작용

8 흙마당으로 된 이 장소는 융통성 있는 공간이 제공되므로 다양한 놀이가 가능하여 아동의 다양한 행동을 유도할 수 있다.

9 빛과 그늘로 인한 흙무덤의 작은 언덕은 단순하지만 아동들에게 다양한 행동을 유도하여 흥미로움을 제공한다.

10 조명과 테이블, 의자로 구성·배치된 이 공간은 실내외의 모든 요소들이 결합되어 하나의 통합된 식당이란 장소로 인식하게 한다.

11 다양한 매체들의 빛의 효과로 아동의 사고를 자극한다.

12 매체장에서 제공하는 일상재료를 활용하면 환경 자극을 통한 다양한 생각과 놀이가 가능하다.

13 조각천들은 질감, 형태, 색상이 다양하므로 흥미로운 구성놀이가 가능하다.

14 역할놀이를 할 수 있도록 다양한 소품을 구비해 놓은 이 공간은 아동이 맘껏 꾸미고 놀이할 수 있는 자극 정보들을 제공한다.

은 기존 도식의 수정, 통합이 복합적으로 이루어진다. 추상적인 지식은 지속적이지 않으며, 경험에 의하지 않은 대뇌 지식은 지속가능하지 않다. 누구나 경험에 의해 더 빨리, 깊이 있게, 다각적으로, 의미 있게 사물을 이해한다는 사실을 알고 있다. 그러나 이러한 사실을 당연히 알고 있더라도 다양한 경험의 기회를 제공하지는 못한다. 아동은 6살까지 명령에 따라 행동할 때보다 직접 행동함으로써 경험을 통해 더 많이 배운다. 아동은 적극적인 관찰에 의해 주변의 세계를 이해하고 적절한 방안을 찾는다. 이러한 직관적인 학습은 몸 전체와 다각적인 감각을 이용하는 것이다.

위의 사례들은 아동의 환경지각 과정에서 제공되는 다양하고 부분적인 지각정보들이 통합되어 전체적으로 지각되므로 아동 각자가 사물에 대한 지원성을 다양하게 지각하고 다양한 사고와 놀이 행동을 유도하게 됨을 이해할 수 있다.

2) 환경인지

(1) 개념

인지란 과거 및 현재의 외부적 환경과 현재 및 미래의 인간 행태를 연결지어주는 앎(awareness) 혹은 지식(knowing)을 얻는 다양한 수단으로 개인이 환경에 대한 지식을 증가시키거나 수정해 가는 과정이기도 하다. 환경인지란 사람들이 환경에 대해서 지니고 있는 앎, 인상, 정보, 이미지, 신념 등과 관련이 있다(Moore & Golledge, 1976).

환경인지는 공간적인 측면에서는 국가, 지역, 도시 등과 같은 대규모 환경과 관련이 있지만 건물 사이의 공간 혹은 건물 내부 등과 같이 소규모 환경과도 관련이 있다. 따라서 환경에 대한 인지는 환경에 대한 정보와 이미지뿐 아니라 환경의 성격, 구조 등에 대한 인상 및 이와 관련된 의미, 중요성, 상징성 등을 포함한다.

환경인지에 대한 이해를 돕기 위해서는 환경지각과 그 개념을 비교해 볼 필요가 있다. 광의의 환경지각 개념에서는 환경을 감지한 후에 이를 해석, 평가하는 과정을 환경인지 과정으로 보아 환경지각에 인지과정을 포함시키기도 한다. 또한 지각과정을 단순히 감각기관을 통해 자극을 감지하는 단계만으로 규정짓고 자신의 경험과 사상 등으로 환경을 이해하는 단계를 구분지어 인지과정으로 구분하기도 한다.

환경인지는 정보의 해석, 평가, 수집을 통하여 머릿속에 '무엇이' 들어 있느냐에 초점을 맞추고 있다. 결국 이러한 측면에서 볼 때 인지와 지각은 인간이 환경에 반응하는 별개의 과정이라기보다는 거의 동시에 이루어지는 상호 융합된 하나의 사고과정으로 보인다.

(2) 환경인지 과정

인지과정에 대한 연구는 크게 두 가지 흐름으로 종합될 수 있다. 첫째는 아날로그적(analogical) 형태로 이루어진다는 것이다. 이는 우리의 기억 속에 환경에 대한 이미지나 정신적인 '사진'이 존재한다고 보는 관점이다. 둘째는 프로포지셔널(propositional) 형태로 이루어진다는 것이다.

환경인지는 정보를 수집하고, 저장하며, 조직 후 재편성하고 추출하는 등의 여러 과정을 거쳐 일반화된 정보를 제공함으로써 개인이 환경에 대해 알도록 해 준다. 이때 우호적·비우호적 감정을 수반하는 평가의 과정을 거치는데 이러한 환경에 대한 평가가 이해의 과정에서 개인은 그 환경에 대한 이미지를 형성하게 되며, 이 환경 이미지를 바탕으로 행동하게 된다. 또한 개인의 머릿속에 형성된 환경 이미지는 또 다른 정보를 해석하는 데 유용하며 인간의 행동을 유도하고, 인간의 행

15 환경에 대한 평가와 이해과정에서 개인은 그 환경에 대한 이미지를 형성, 이미지를 바탕으로 행동하게 된다.

위, 신념, 지식을 조직하는 데 참고의 틀이 되기도 한다.

환경 이미지는 인간이 환경을 인식하고 행동하기 위한 도구로서의 이미지를 의미하며 이는 인간이 환경에 대하여 가지는 총체적 표현이며 마음의 그림이다. 또한 장소에 대한 인간의 도식적이고도 간접적인 지식의 총합이다.

환경 이미지가 형성되는 과정에는 지각과 인지과정에서 개인의 특성이 영향을 미치게 된다. 환경 이미지는 공간 이미지(spatial image), 심적 지도(mental maps), 인지도(cognitive map)와 같은 용어로 설명된다.

인지도는 공간관계 및 환경의 특성에 대해 사람들의 머릿속에 기억해 두는 이미지이며 동시에 사람들의 공간 환경에 대한 태도를 찾기 위한 일종의 기법으로서, 인식된 내용을 묘사하는 하나의 표현 기호이기도 하다. 사람들은 이 인지도를 통해 일련의 공간에서 일어나는 현상들에 대한 정보를 얻고 축적하고 회상하며 암호화하고 해독한다. 즉 인지과정에서 형성된 환경 이미지는 하나의 인지도로 구성되고 공간 내에서 일어나는 인간 행동의 근거가 된다.

심적 지도는 과거의 환경적 경험과 현재의 지각 그리고 이를 바탕으로 한 선호의 개념이 추가된 미래의 개념까지를 수용할 수 있는 융통성을 지닌다. 심적 지도에서 지도 내용에 대한 추론을 통한 분석이 이루어질 때 심리적 지도는 역동적이며 행동 지향적인 분석이 주로 이루어진다.

(3) 환경인지 이론
① 린치(Lynch) 이론

린치(1979)는 도시에 거주하는 사람들이 길을 이용하는 데 일정한 패턴이 있음을 발견하고 사람들의 머릿속에 도시공간이 있음을 연구하였다. 그에 따르면 '이미지'란 '인간환경의 전체적인 패턴의 이해 및 식별성을 높이는 데 관계되는 개념'으로, 도시설계의 중요한 요소가 되는 도시 구성인자를 도시 이미지에 관한 연구를 통해 파악하고자 하였다. 그는 세 개의 도시에 대한 사례조사를 통해 얻은 결론으로 도시 이미지 형성에 기여하는 물리적 요소를 통로(path), 모서리(edge), 지역(district), 교차점(node), 랜드마크(landmark)라는 5가지로 제시하였다.

또한 린치는 도시의 이미지를 분석하기 위해서 훈련된 조사자가 현장 관찰을 통

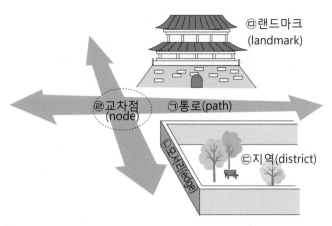

16 도시 이미지 형성을 위한 물리적 요소
㉠ 통로(path) : 보도, 거리, 강 등 사람들이 공유하면서 이동 통로로 이용하는 요소
㉡ 모서리(edge) : 벽, 해변가 등 선형의 특성을 지닌 제한적이며 폐쇄적 특성을 지닌 요소
㉢ 지역(district) : 동질성을 지닌 블록(block) 개념의 큰 공간
㉣ 교차점(node) : 2개의 도로가 교차하는 지점
㉤ 랜드마크(landmark) : 큰 건물, 기념관 등 길을 찾을 때 참고 단서로 이용하는 명백한 특성을 지닌 요소

하여 도시의 이미지를 표현한 지도와 보고서를 작성하는 방법과 실제 거주하는 도시인을 표본추출 하여 그들이 언급하는 도시 이미지를 파악하는 방법을 사용하였다. 당시 연구는 표본수가 적어 어려움이 있었으나, 융(Jung, 1971), 에반스와 동료들(Evans at el., 1981) 그리고 굴릭(Gulick, 1973)들의 연구결과가 뒷받침됨에 따라 린치의 이론은 도시의 시각적 형태를 설계하는데 이용될 수 있는 환경인지 분야의 중요한 역할을 하게 되었다.

17 로마의 원형 경기장, 템스 강을 가로지르는 런던브리지, 파리의 에펠탑 등은 랜드마크로서 도시 이미지 형성에 중요한 역할을 한다.

② 스타이니츠 이론

스타이니츠(Steintiz, 1968)는 린치의 '도시 이미지' 개념을 더 발전시켜 도시환경에서의 '형태(form)와 행태(activity)의 일치'를 연구하였다. 그는 도시환경의 물리적 형태 인식에서 더 발전하여 물리적 형태가 도시인에게 주는 행위적 의미의 중요성을 주장하였다. 그의 연구에서는 물리적 형태와 그 형태가 내포하고 있는 행태적 의미와의 관계를 중시한 것이라고 할 수 있다.

스타이니츠는 연구를 통해 도시환경의 형태와 각 공간에서 이루어지는 행위 사이에 일치성을 보이는 3가지 유형을 제시하였다. 첫째, 환경의 물리적 형태와 행위가 동시에 나타나는 형태와 행위의 일치성이다. 둘째, 형태 밀도(공간 및 정보의 밀도)와 행위 밀도(혼잡성)의 일치 정도를 나타내는 밀도의 일치도이다. 셋째, 자동차, 보행로, 지하철 등에 노출된 형태와 이에 영향을 받는 사람들의 상대적 숫자와 영향 정도가 함께 나타나는 영향의 일치도이다. 그는 자신의 이론을 통해 바람직한 도시 이미지 형성을 위해서는 단순한 물리적 구성만을 추구해서는 안 되며 행위적 의미까지를 전달해 줄 수 있는 도시환경을 구성해야 한다고 했다.

2. 아동과 환경관계 이론

1) 아동 환경 이론의 역사

인간은 환경과 상호작용하면서 성장 발달한다. 특히 영유아기는 성장과 발달의 기초가 되는 시기이므로 환경에 대한 경험과 상호작용하는 환경의 질에 의해 직접적인 영향을 받는다. 이 시기의 환경은 가족, 친지, 교사, 또래 아동과 같은 사회적 환경뿐 아니라 자연, 대지, 건물, 내부 공간구조와 시설 설비 등의 물리적 환경을 포함한다. 아동발달과 아동심리학에서의 환경에 대한 관심은 초기부터 주요 연구 영역으로 다루고 있었으나, 20세기 초 유전과 환경에 대한 논쟁으로 인하여 환경에 대한 관심이 더욱 커지기 시작하였다(이연숙, 1998). 초기에는 아동발달에서 사회적 환경이 강조되었으나 점차 물리적 환경까지 포함되는 경향으로 변화해 오고 있다.

물리적 환경의 개념도 수동적이고 일방적인 성격에서, 능동적이고 양방향적인 성격을 거쳐 상호 통합적이며 의존적 성격으로 변화·발전하였다. 초기의 대표적 이론은 헵(Hebb, 1949)이 주장한 유기체의 초기 경험에 미치는 감각적 자극의 역할이다. 이후 환경 역할 개념이 헌트(Hunt, 1961)와 톰슨과 그루섹(Thompson & Grusec, 1970)에 의해 발전되었으며 와쉬(Wachs, 1979), 와쉬와 그루엔(Wachs & Gruen, 1982)에 의해 보다 정교하게 발전하였다. 이 시기의 대표적 이론은 생태학적 견해로 바커(Barker), 라이트(Wright)에 의해 시작되어 브론펜브레너 (Bronfenbrenner, 1979)의 생태학적 체계이론으로 발전해 왔다. 이들 생태학적 견해 중 환경행태학을 발전시키는데 잠재성이 큰 이론으로는 깁슨(Gibson)의 지원성 (Environmental Affordance) 이론과 바커(Barker)의 행태적 세팅(Behavior Setting) 이론이 주목된다.

2) 물리적 환경의 역할 이론

물리적 환경의 역할에 대한 이론은 그동안 미미했던 물리적 환경의 중요성을 분명히 인식하게 하고, 아동의 환경에서 사회적 환경과 통합된 생태학적 환경으로 인식하게 하였다. 물리적 환경을 보는 관점은 환경을 자극원으로 보는 헵의 관점과 환경에 대한 개인의 반응 측면이 강조된 피드백으로서의 환경, 깁슨의 지각이론 맥락에서 발전된 지원성 개념, 바커 등에 의해 발달된 행태적 세팅의 개념으로 변화·발전되었다.

(1) 자극원으로의 환경

자극원으로 환경의 중요성은 1949년 헵이 환경의 역할을 이론적으로 분석함으로써 처음 강조되었다. 헵은 시각과 지각에 투입되는 패턴화된 자극에 특별한 관심을 가졌으며, 이러한 자극은 감정 및 동기 반응 등과 같은 고차원적인 형태뿐 아니라 지각적 발달에 기초가 된다고 하였다. 이러한 시각에 대해서 아동발달 심리학에서도 관심을 가지게 되었으며, 획일적이고 자극이 부족한 시설 아동에게 적용되는 것으로 생각하였다. 그러나 1960년대에는 도시 빈곤지역이나 바람직하지 못한 환경의 아동들이 자극의 결핍보다는 오히려 고강도의 시각적·청각적 자극 등 과다자극으로 인한 문제가 지적되었다.

한편 와쉬(Wachs, 1979)와 그의 동료들은 헵과 다른 시각에서 환경자극에 관한 개념을 제시하였다. 즉, 환경자극을 단순화하지 않고 결핍과 풍부의 차원으로 유목화하였고, 과다자극 또한 아동의 행동과 발달에 저해요인이 되므로 자극의 적정 수준의 개념을 강조하였다. 또한 개인의 적정한 자극 수준은 이전 경험과 자극을 받아들일 수 있는 능력에 의해 결정되는 등 적정 수준 자체가 유기체 발달 수준과 관련된다고 하였다. 예컨대 같은 환경 내에서도 이전에 다양한 자극 경험이 있는 아동은 개인의 능력과 태도에 따라서 수동적으로 받아들이기보다는 수정 및 선택을 통해 환경 조절자 역할을 할 수 있다. 예를 들면 여행 경험이 많은 아동이나 다양한 책을 통해 상상력과 감성이 풍부한 아동은 현재의 환경에 대해 서로 다르게 인지할 것이다. 과거의 환경 자극 경험이 아동에게 새로운 도식(schema)을 형성하여 새로운 형태가 만들어지고 이해력(인지능력) 또한 빠르게 나타난다. 환경은 자극원으로 절대 고정적이 아니라 개인의 경험과 능력에 따라서 매우 다르게 전달되고 표현된다. 또한 환경에 대한 인지는 연령과 성별에 따라서 서로 다르게 인지하는 것으로 알려져 왔다.

자극에 관한 헵-와쉬의 관점은 환경의 자극을 받아들이는 아동이 수동적인 역할을 하는지, 또는 자극을 수정하고 선택할 수 있는 능동적인 역할을 하는지에 따라 자극원으로서의 환경 특성이 달라지는 점이 간과되긴 하였으나, 자극의 효과가 개인의 행동을 조정할 수 있다는 실증적이고 이론적인 토대가 제공되었다.

(2) 피드백 근원으로서의 환경

이것은 헵의 감각자극모델과는 달리 개인의 환경에 대한 반응을 강조한다. 환경에 대한 반응은 운동을 통해 나타나는데 아동은 반응의 결과를 인지함으로써 운동 활동과 어떤 자극 패턴 간의 특정 관계를 학습하게 되고, 이 학습은 다음 환경에 대한 반응체계로 피드백된다는 관점이다(Held, 1965; Harris, 1965; Hein, 1980). 지금까지 피드백에 관련된 관심은 아동과 부모 및 또래집단 간의 상호작용 등 사회적 환경에 주로 역점을 두었으나 이런 시각은 근래 변화하게 되었다. 이 관점에서는 인지학습 과정에서 개인의 행동을 중요하게 여긴다. 예컨대 아동은 안전한 환경에서 활발한 탐색과 상호작용이 나타난다. 한번 다치거나 넘어진 경험이 있는 환경에 대해 두려움을 가지게 되므로 수동적인 반응을 나타내는 반면, 즐거운 경험을 가졌던 환경에 대해서는 새로운 시도와 적극적인 활동반응을 나타낸다. 따라서 아동의 크기와 발달에 적합하지 않은 환경의 놀이기구와 장난감 등은 상호작용이 일어나지 않고 피드백 작용이 정지된다. 그러나 피드백 근원으로 환경을 보는 관점에서는 아동이 환경과 적극적으로 상호작용함으로써 다양한 놀이와 활동을 창의적으로 만들어내므로 새로운 놀이를 구사하게 되고 활발한 상호작용을 통하여 사회 인지발달이 촉진된다.

18 자연요소가 풍부한 환경에서의 아동의 놀이행동은 활발한 탐색과 자연과의 상호작용을 통해 보다 다양해지고 활성화될 수 있다.

19 곡선으로 된 산책로는 아동이 달리기를 하기에 적합한 안전한 길로서 주변의 자연적 요소와 함께 풍부한 감성과 신체발달을 동시에 도모할 수 있는 좋은 환경이다.

(3) 지원성 집합체로서의 환경

깁슨(Gibson, 1966·1979)이 인지 이론 내용에서 발전시킨 지원성의 관점은 환경에 대한 이해에 새로운 가능성을 제시하고 있다. 환경의 지원성이란 좋든 나쁘든 유기체에게 제공되는 환경에 내재된 기능이라고 할 수 있다(Gibson, 1979). 지원성은 모든 사물과 공간에 내재된 환경 특성으로 특정 유기체와 관련하여 나타나며 유기체가 무엇이든 관점에 따라 생태학적 자원으로 고려될 수 있다. 깁슨은 인지자의 행동이 자극 정보를 골라 선택하는 주요한 역할을 한다고 하였다. 즉 인지자가 감각 기능만으로 시각적 인지를 한다고 하기보다는 환경 자극에서 정보를 발췌한다는 점을 강조하였다. 개념적으로 인지자의 특성에 따라 그 실체에 부여하는 의미가 달리 정의될 수 있는 주관적인 특성을 지닌다. 지원성은 개인과 관련하여 인지의 발달학적 분석과 통합시킬 수 있다. 개인의 심리학적·신체적 특성이 발달학적으로 변화하기 때문에 환경이 지원할 수 있는 가능성 또한 상호작용하므로 상황 내에서 변화한다. 이는 개인에 따라 환경의 발달적인 차원을 달리 제공해야 함을 의미한다. 그러므로 지원성의 관점에서 인지자들은 환경 내에 이미 내재되어 있는 환경의미의 필요성을 깨닫고 이 환경정보를 수집하기 위해 감각과 운동 과정을 병행하게 하며 이러한 과정 속에서 적극적으로 환경에 반응하게 된다. 예컨대 벤치는 앉는 기능뿐 아니라 사용자의 자극정보에 따라서 다른 용도로 사용 가능한 기능이 내포되어 있다. 비고정적인 형태일 경우에는 그 가능성이 더욱 높아져서 다양하게 변형할 수 있는 형태로 제공될 수 있다. 더욱이 비스듬한 형태의 계단의 난간은 아동들에게 또 다른 미끄럼틀로 사용할 수 있는 가능성을 제공하여 흥미를 느끼게 한다. 이것은 비스듬한 형태가 지닌 내재된 기능에서 비롯된다. 한편 어둡고 은밀한 장소는 사용자의 경험에 따라서 다양한 기능으로 제공될 수 있는데, 아동의 경우 비밀의 장소, 숨는 장소, 은신처, 아늑한 공간 등의 다양한 기능이 내재되어 있다.

20 이 놀이시설은 터널과 언덕을 동시에 제공하여 아동이 아늑함과 높은 곳의 느낌을 경험할 수 있는 지원성 개념의 환경이 된다.

(4) 행태적 세팅으로서의 환경

행태 세팅의 초기 개념은 1940년대 후반 바커와 라이트(Barker and Wright)에서 비롯되었다. 행태적 세팅이란 임의로 정의된 사회적 개념이 아니라 물리적 구조를 가지고 있는 실체이다.

바커는 아동 개인의 특성보다 인접한 환경이 보다 중요한 행동 결정요인이라고 주창하였으며, 이는 개인에 두었던 비중을 그들을 둘러싼 환경으로 옮긴 데에 의의가 있다. 바커 이후 여러 생태학자들은 '한 체계의 시간과 공간의 경계 안에서 다양한 요소들로 구성된 세팅은 필수적인 기능을 수행하기 위해 구성요소들이 상호작용'하게 되며, 이러한 상황을 행태적 세팅이라고 정리하고 있다. 요컨대 사람과 무생물로 구성된 사회적 체계, 즉 한 체계의 시간과 공간 안에서 세팅의 다양한 구성 요소들은 세팅의 필수적인 기능을 수행하기 위해 질서정연하게 상호작용한다.

행태-환경의 구조는 하나의 세팅 안에 있는 물리적 사물의 특징 및 배열과 인간의 활동이 적합하게 잘 대응되는 것을 의미한다. 행태 세팅의 프로그램은 필수적인 세팅의 기능을 질서 있게 이끌어 주는 인간-환경 간의 시계열적인 상호작용을 말한다. 또한 이 세팅은 특정인에 고정되어 있지 않으므로 세팅의 구성 요소인 인간을 교체할 수 있다. 행태 세팅은 프로그램을 조절할 수 있으므로 역동적인 특성이 이 개념에 포함되어 있음을 의미한다. 이러한 행태 세팅 개념은 물리적-사회적 환경을 동시에 포함하고 있어 여러 연구자들의 주목을 받게 되었다. 이 맥락에서 행위가 일어나는 환경요소와 발달과정 간의 상호작용을 강조하는 최근 발달심리학의 움직임에 주목할 필요가 있다. 러너(Lerner, 1983)는 환경과 아동발달 사이의 적합성(fit) 개념을 제시하였는데 그는 이를 통해 이전 생태심리학자들보다 더욱 역동적이며 발달적인 측면에서 아동과 물리적 환경과의 관계를 다룸으로써 행태적 세팅 개념을 한 단계 더 발전시켰다고 할 수 있다.

그러나 이러한 세팅 개념은 생태학적 모델이 다양하고 각 모델마다 중요하게 여기는 관점이 다르므로 발달 과정과 관련된 환경적·상황적 특성을 연결시키는 방법이 미약하다는 단점이 있다. 이러한 문제점에도 불구하고 슈스터, 머렐, 쿡(Schuster, Murrell, Cook, 1980)은 제한된 연령 내에서는 행태적 세팅 개념이 유용함을 주장했다.

브론펜브레너(Bronfenbrenner, 1979)는 '인간발달의 생태학(The Ecology of Human Development)'에서 근본적으로 가족·지역사회·문화의 역할을 강조했으며, 다른 행동생태학자들에 비해 아동발달과 특정 아동에게 적용되는 과정에 많은 관심을 보였다. 로고프(Rogoff, 1982)는 생태학적 작업으로 아동의 인지적 활동에 있어서 문화적 결정론에 관심을 가졌고, 와터(Oerter)와 독일학자들(1979)은 청소년들에게 있어서 사회적 환경의 역할에 관심을 가졌다.

21 단순한 놀이기구들이 배치된 이 놀이터는 아동의 신체활동뿐 아니라 다양한 놀이행동을 유도할 수 있도록 여유 있는 빈 공간과 나무와 흙이라는 자연요소들이 아동친화적 환경으로 제공되고 있다.

아동의 발달적 요구

아동은 성인들이 계획하고 디자인한 환경에서 생활하고 있다. 아동과 성인은 세상을 보는 관점이 근본적으로 다름에도 불구하고 성인들은 아동이 생활하는 환경을 계획할 때 그들의 발달적 특성이나 환경에 대해 사용자인 아동의 시각이나 요구를 거의 반영하거나 고려하지 못한다. 성인들은 건물을 디자인 할 때 주로 실용성과 기능성, 에너지 절약 측면, 미적이고 경제적인 요소들을 중요 요소로 고려하게 되므로 아동의 요구나 경험을 반영하지 못하는 것으로 알려져 있다(Day, 2007).

아동과 성인은 세상을 보는 관점이 매우 다르다. 성인은 장소를 사용하는 방법에 중점을 두지만, 아동은 그 장소에서 누구를 만나고 어떤 경험을 하는지, 그 장소가 무엇을 말하는지에 더 관심을 갖는다. 아동은 그들이 사용하는 장소를 거대한 탐색장소로 인식하며 그 사실을 매우 중요하게 여긴다. 예컨대 철로와 벽을 보면 아동은 성인이 인식하는 것과 같이 단순히 기차가 지나가는 길이나 공간을 구분하는 목적으로 이해하지 않고, 막대를 흔들 수 있거나 볼을 칠 수 있는 또 다른 흥미로운 놀이 장소로 이해한다는 것이다. 리아드(P. Lillard, 1972)는 "아동은 환경을 사용하여 자신을 발달시키고, 성인은 환경을 개선시키기 위해 자신을 이용한다"고 하였다. 즉 아동은 과정에 중점을 두고 성인은 결과에 중점을 두는 것으로 아동과 성인의 관점 차이를 설명하고 있다.

또한 아동과 성인 사이의 인식의 차이를 불러일으키는 기본 구조는 상상의 세계 속에 사는 아동의 특성에 기인한다. 성인은 현실적인 세상에 살고 있지만, 아동은 그들만의 상상적인 세상을 갖고 있다. 아동에게는 작은 방, 풀숲의 허물어진 장소, 후미진 헛간조차 근사한 한 폭의 그림이 될 수 있고, 산과 정글 숲은 전체 우주가 되며, 시장은 또 다른 놀이 장소가 되어 성인이 상상할 수 없는 새로운 세상이 된다.

1 아동은 이 벽을 성인이 인식하는 벽이 아닌 흥미로운 또 다른 길로 인식한다.

이와 같이 아동은 현실과 다른 상상의 세계 속으로 쉽게 옮겨 갈 수 있고, 주변 세계를 쉽게 바꿀 수 있다는 것이다(Beltzig, 2015). 아동과 성인의 인식차이를 불러일으키는 기본구조는 상상의 세계 속에서 사는 아동의 특성에 기인한다.

2 테이블을 바라보는 아동과 성인의 시각 차이로 관점의 차이가 생긴다.

1. 경험과 학습

성인들은 사물의 관계를 어느 정도 이해하고 있지만, 아동은 사물의 관계를 감각적으로 이해하고, 경험과 학습을 통해 사물의 관계를 아직 탐색하고 있다. 이러한 탐색활동을 통하여 아동은 자연스럽게 새로운 생각을 하게 되며 창의성이 촉진되는 계기가 된다. 따라서 감각적으로 풍부한 환경은 영유아들에게 경험과 상상의 기회를 제공하여 창의적인 사고의 발달을 더욱 촉진한다.

아동은 일상의 주변환경과 상호작용하면서 세상을 이해하고 배우면서 실제적이고 구체적인 경험을 한다. 이러한 실제 생활에서의 다양한 경험은 일상생활과 연결되면서 전체적으로 통합적 관계를 이해하게 되고, 새로운 이미지를 형성해 나간다. 일상생활에서의 인위적인 요소와 자연적인 요소, 복잡함과 단순함, 있음과 없음, 냄새와 소리, 아늑한 곳의 느낌은 아동에게 감각적으로 다양한 부분의 관계를 이해하고 경험하면서 통합적으로 전체를 만들어 간다. 그러나 서로 연관성 없는 요소들이 복잡하게 혼재되어 있으면 오히려 혼란을 주어 신뢰성이 감소한다. 예컨대 오늘날 아동이 많이 사용하고 있는 플라스틱 제품들은 색감이나 형태가 매우 다양해 보이지만, 만졌을 때 동일한 촉감이 느껴지므로 다양한 감각에서 경험할 수 있는 여러 가지 의미를 전달하지 못한다. 즉 현대 아동들이 많이 사용하는 플라스틱 재료는 다양한 감각을 경험할 수 없게 한다는 것이다. 또한 지나치게 장식이 많거나 화려한 색상은 아동에게서 상상의 기회를 빼앗아간다. 감각적으로 풍요롭지 못한 삭막한 건물은 아동이 성장하는 데 아무 도움을 주지 못하고 오히려 해가 된다. 즉 장소성이 부족하고 생기가 없는 곳은 아동에게 도움을 주지 못하여 가치 없는 장소가 된다(Olds, 2001).

전통적인 교육은 대부분 인지발달에 초점을 두고 있으나, 심리학에서는 생각과 느낌을 중시한다. 프로이드와 피아제는 이러한 발달이 분리되지만 감정과 인지 발달 간의 균형을 바탕으로 하는 전체적인 이해를 중시한다.* 비곱스키는 그 의미가

---

* 1920년대에 이미 피아제는 아동과 성인의 사고는 여러가지 면에서 다름을 인정하였다.
Lundahl, Gunilla. ed. (1995). Hus och Rum för Små Barn. Arkus에서 인용함.

감정과 분리될 수 없으므로, 느낌과 생각이 서로 연관되어 다양한 정신적 형태의 대화를 이루는 것을 의식적으로 고려하였다(Day, 2007).

인지에는 한 가지 형태만 있는 것이 아니다. 가드너(H. Gardner, 1983)는 논리, 수학, 언어, 음악, 신체운동, 자기 지식과 사회성의 7개 개념을 설정하였다. 다양한 환경은 다양한 지능 발달을 제공한다. 즉 공간과 신체감각은 장소 경험과 분리될 수 없다는 것이다. 건축은 감각과 사회를 구성하는 요소로서 형태와 공간언어, 조화, 멜로디, 속도와 리듬의 모든 의미를 지니고 있다. 따라서 기계가 오늘날 인간보다 논리적 지능을 능가한다고 생각하고 있지만, 인간만이 가지고 있는 독특한 감정, 맥락적이고 관계 패턴적 사고와 균형을 이루지 못하면 편향적이 될 수 있다.

아동은 대부분 가르치지 않아도 여러 가지를 조립하고 실물을 다루는 과정에서 학습되고, 탐색적인 활동과 놀이를 하면서 스스로 발견하고 배우게 된다. 아동 스스로 발견하여 습득한 경험은 자연스럽게 새로운 생각을 유도하여 창의적인 사고로 연결되어 계속 발전한다. 이러한 경험과 이미지를 많이 가진 아동일수록 인식구조를 더 빨리 발전시킨다. 이러한 인식구조에 끊임없이 인지를 입력하고 쌓아가는 활동을 통해 학습이 이루어진다. 즉 아동은 행동하면서 경험을 통해 배우고, 직관적 학습에 의한 신체와 감각으로 주변 세계를 이해한다. 놀이는 이런 학습의 가장 자연스러운 형태이다. 놀면서 이미지와 경험을 쌓아가고 변형해 나가는 것이다(Beltzig, 2015).

자연 재료로 만든 공예품은 혼란스럽고 복잡한 세상에 신뢰감을 더 준다. 흙, 물, 식물에서 제공되는 자연환경은 흙을 파고, 거르고, 반죽하고, 형태를 만들고, 나무를 심고, 자르고, 바구니를 만드는 과정에서 다양한 생각과 경험을 하게 한다.

인공적으로 만들어진 제품은 또 다른 예술적 가치를 지니고 있다. 예술적인 가치를 지닌 것은 이해할 수 없는 것도 있다. 예술은 자연이 아니라 인간이 만든 것이기 때문이다. 순수한 어린 아동은 자연적인 예술가다. 초기 유년시절의 경험은 성인이 되었을 때 공간을 이해하고 장소를 평가하고, 형태를 바라보는 방법에 많은 영향을 준다. 여기서 중요한 것은 환경이 아동의 감정과 사회성, 지능, 심지어

신체발달 전반에 영향을 준다는 사실이다.[*]

아동의 미에 대한 요구 또한 성인과 매우 다르다. 성인은 아동을 위해서 영화세트와 같은 밝고 다양한 색, 테디 베어 벽지 또는 요정나라와 같은 분위기를 만들어 주려고 한다. 아동은 신비한 세상을 원하지만, 성인들이 만들어준 밝은 색은 신비하지도 않고, 자극적이고 미묘하지도 않으며 매우 현실적이다. 신비한 것은 다른 세상에서 온 것 같이 암시적이면서 알 수 없는 미묘함이 있다. 그러나 아동에게 인기 있는 디즈니랜드 유형의 영화는 상상력이나 직관적 감각을 위해 아무 도움이 되지 않는다. 이렇게 진실하지 못한 자극과 감동은 아동들에게 환경적 책임을 지는 데 필요한 겸손함과 경이로움을 주지 못하고 오히려 자연적 감각을 훼손하게 한다.

아동은 사람보다 장소를 더 잘 기억한다. 아동은 그들이 놀고 있는 장소 구석구석을 잘 알고, 다양한 날씨에 대해 민감하게 느낀다. 따라서 아동이 예측할 수 있고, 신뢰할 수 있는 환경에서 성장한 경험은 개인적인 정체감과 장소에 대한 정체성, 정서적 안정이 모두 결합되어 또 다른 하나의 특성이 형성된다. 올즈는 "유년시절의 장소에 대한 이러한 기억과 경험은 생생한 이미지로 지울 수 없는 하나의 추억"이라 하였다(Olds, 2001).

건물과 장소에서 각인된 가치는 아동의 잠재적인 학습에 흡수되어 무의식적으로 남아 있다. 영아는 환경의 특성을 자연스럽게 흡수하고, 유아는 그 장소의 느낌에 반응한다. 그러므로 질적인 건축은 아동발달에 매우 중요하다. 여기서 질적인 건축은 성인의 기준이 아닌 아동의 시각에서 보는 건축을 의미한다.

질 좋은 건축이 무엇인지에 대한 의견은 매우 다양하다. 건축가에게 어필하고, 저널 또는 성인에게까지 감동을 주는 건축이 아동에게도 모두 좋은 것은 아니다. 아동의 요구를 반영한 건물은 때로는 비형식적이고 자유로운 건물이 될 수도 있다. 그러나 아동을 위한 건축은 디자인을 절제하고 순수하게 아동발달에 반응해야 한다. 아동은 잡지에 나오는 유명한 건축이 아닌 아동의 마음을 담아 디자인한

---

[*] Research by Hjort, Bobo, Lundahl, Gunilla. ed. (1995) ibid.

건물을 원한다. 이런 건물은 모든 연령의 아동을 양육하기 좋고 진실한 감동을 줄 수 있는 환경을 의미한다. 아동은 어느 책에도 쓰여 있지 않고, 미리 만들어져 있지 않은 세상에 그들이 성장하는 데 필요한 환경을 제공해 줄 수 있는 건축을 원한다. 이것은 아동의 환경을 새로운 이해와 새로운 눈으로 바라볼 때만 가능할 것이다(Day, 2007).

2. 놀이:생활을 위한 준비

아동은 부모로부터 독립되면서 자신과 환경, 현실과 상상의 세계 속에서 살아간다. 그들은 상상놀이를 통해 생각을 정리하고 감정을 관리하는 법을 배운다. 예를 들어 인형놀이는 수시로 변하는 아동의 감정적 요구를 충족시키고 반영한다. 즉 인형놀이를 하면서 자신의 기분을 조절한다. 또래 친구와 상호 작용하면서 그에 따른 행동과 반응을 통해 자신의 생활을 극복하는 데 도움을 준다. 그러므로 상상놀이는 상징적 의미로 아동의 인지와 정서 발달에 중요하다.

경험과 정서적 느낌이 결합되어진 상상의 세계는 외부세계와 아동 내부 사이에 교량 역할을 한다. 아동은 놀이를 통해 감정과 지적이고 환상적인 사고가 더욱 풍부해진다. 이것은 환상이 없는 놀이에서는 불가능하다. 상상놀이는 현실에서 직면하기 어려운 문제를 상징화할 수 있고, 아동이 익숙하지 않은 현실에 적응할 수 있게 함으로써 상상적인 세상에서 지

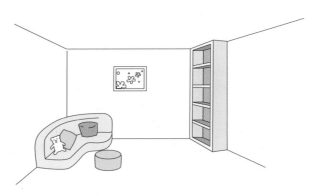

3 네모난 사각형의 각진 방이 가구에 의해 부드럽게 변화될 수 있다.

속적인 발달이 이루어지게 한다. 아이들은 상상 속에서 통나무가 오토바이가 되고, 녹슨 하수관이 말이 되었다가 공룡이 되기도 하고, 우주선, 돛단배, 마녀가 되기도 한다. 이런 아이들의 상상놀이를 보면서 어른들은 잘못된 오해를 불러일으키고, 상상력을 발휘할 수 있는 자유를 빼앗는 경우가 종종 있다(Beltzig, 2015).

아동의 내면에서 경험한 세계는 느리게 상상하는 세상이다. 오랫동안 상상해온 세상은 현실보다 더 환상적이다. 따라서 유년기의 황금선물이라 할 수 있는 상상력은 창의성을 발달시키는 데 좋은 밑거름이 된다. 상상력을 자극하는 장소는 아동의 건강에 중요하고 긍정적인 영향을 준다. 그러나 삭막한 건물이나 네모난 놀이상자, 직선적인 방은 환상적이지 못하여 상상력을 불러일으키지 못한다.

아동은 아늑한 작은 공간을 좋아한다. 그러므로 야외에서도 넓게 개방된 잔디벌판보다는 관목에 의해 둘러싸인 삼림 숲속 빈터들이 놀이를 위한 작은 공간으로 만들어져 상상놀이를 더 증가시킨다. 한편 청소년들은 사회적인 활동 공간으로 개방된 장소를 원하면서도, 호기심과 상상력을 유도하는 활동을 즐기기 위한 좀 더 작은 장소가 제공되는 곳을 원한다.

4 넓게 펼쳐진 광활한 대지는 아동에게는 실제보다 더 커 보여 아늑함이 적다. 그러나 나무나 관목, 언덕 등으로 만들어진 작은 공간은 아동에게 아늑함을 주고 상상의 놀이 장소로서 적합하다.

위니코트(Winnicott, 1995)는 "놀이를 위해서는 가장 중요한 상상력을 사용하기 위한 것이고…. 놀이는 시간과 공간이 합쳐져서 새로운 생각을 할 수 있는 경험이므로 우리가 살아가는 방식에 근간이 된다"고 한다. 놀이는 외부에서의 경험이 내면으로 연결되는 것으로, 스타이너(Steiner, 1916)는 존재에 대한 인식으로 아동에게 필수적인 것을 유년시절의 놀이라 하였다. 놀이는 아동이 하는 극적인 상상과 이러한 상상을 경험하고, 관리하고 이해함으로써 세상을 책임지기 위해 준비하는 과정이다. 또한 놀이에서 아동은 성취감과 자기 보호감을

5 옷장 속 공간이 아동에게는 또 다른 집이 된다.

습득하고 협동심과 예측할 수 있는 능력을 발달시켜, 자신과 다른 사람의 관계를 배우고 존경하게 된다. 이러한 새로운 기회와 도전은 놀이 과정에서 아동에게 익숙하지 않은 상황을 조절할 수 있는 방법을 가르쳐 준다. 성인의 가장 큰 문제는 몰입할 수 있는 경이로움이나 감동이 없다는 것이다. 위니코트는 '성인은 모든 것을 실용성에 초점을 두고 정당화'하고자 하는 반놀이적이고 반창의적인 태도가 인간을 기계수준으로 낮추게 하여 가치 있는 삶이 아니라는 느낌을 갖게 한다고 한다.

도시에서는 놀이를 위해 비싼 공간을 필요로 하므로, 실외 놀이를 대체할 수 있는 3차원의 실내 놀이를 고려할 수 있다(Dudek, 2000). 그러나 실내에서 하는 가상놀이는 실제놀이와 달리 외부, 사회, 현실과 내부, 상상력, 상징적인 환상 사이의 구분이 약해진다(Jennings, 1995). 예를 들면 실제로 사랑할 수 있는 방법이나 나무에 오를 수 있는 방법은 아동이 실제 놀이를 통해 또래와 함께 하면서 직관적으로 배우는 것이다. 그러나 비디오 게임에서 하는 놀이는 그렇지 않다. 과다한 자극과 정보는 집중력을 떨어뜨리고, 교육적인 경쟁과 광고 지향적인 소비주의를 압박하여 긴장감을 준다. 이는 정서적인 불안감을 주어 유년기 우울증을 유발한다.*

---

* Letter by 110 childhood professionals to the Daily Telegraph, 12 September(2006), and subsequent interviews on BBC Radio 4 Today Programme.

생리적으로 TV와 비디오게임은 두뇌에서 감각신경 신호 기능을 더디게 한다. 이러한 현실은 융통성 있는 상상력과 즉각적인 의사결정을 가지고 추상적 사고를 할 수 있어야 하는 우주(에어로 스페이스) 직업의 응시자가 부족한 결과를 초래하고 있다(Scott, 2002). TV와 컴퓨터게임은 소아비만의 실내 세대 어린이를 양산하여 4세 아동들에게 영향을 주고 있다. 더욱이 이런 오락은 비만이 되게 하는 호르몬을 생산하여 아동의 수면시간을 줄인다.* 심리학자이면서 유치원 교사인 마가렛(Meyerkort Margaret, 2000)은 TV 이미지와 비디오게임 시나리오는 '즐거울 권리가 있는 아동의 창의력을 죽이고 무기력하게 하고 양심의 가책'을 갖게 하여 상상력을 위협하고 있다고 한다. 오늘날 학교에서는 아동들에게 놀이하는 방법을 가르쳐야 한다. 아동들의 1/3 정도가 더러움에 신경 쓰느라 자유롭게 놀 수 없다. 더욱 안타까운 것은 상상할 수 있는 능력이 부족한 아동들이 너무 많다는 것이다(Green, 2006).

6 아동의 상상력은 어디에서나 무궁무진한 세상을 만들어간다.

최근 들어 실제 놀이는 신체, 사회, 정서, 교육적으로 완전하고 성숙한 성인이 되는 데 영향을 준다는 사실이 입증되고 있다. 도시에서 놀이 공간이 비싸지만 건강학적으로나 전인적 발달을 위하여 실외 놀이를 대체할 수 있는 것은 더 이상 없다는 것이다.

---

* UK children are among the most unfit in Europe. Fenoughty, Sue, environmental education teacher consultant, Today Programme, BBC Radio 4, 19 October 2006.

아동은 주변을 탐색하고 조작하면서 신체적·사회적·정서적으로 성장한다. 물질적으로 의식화되고 인과관계에 대한 이성이 증가하면서 책임감 없이 환경 자원을 사용하고 있다. 영아를 위한 신비한 환경은 아이들만의 세상에 더 오래 머무르게 하여 낯선 현실을 관리하는 방법을 배울 수 있게 해야 한다. 놀이는 항상 고통과 인내가 따르므로 아동들에게 현실적인 사회문제를 극복하는 데 도움을 준다. 놀이하는 과정은 섬세하면서도 모험적이고, 위험한 상황을 경험하면서 아동 자신이 스스로 성장하도록 도와준다. 특히 실외 환경이 다양할수록 탐구적이고 창의성이 더 커지며, 놀이와 사회적 시나리오의 범위가 더 확장된다(Day, 2007).

그렇다면 아동발달을 최상으로 충족시킬 수 있는 환경은 어떤 것인가? 아동을 위한 환경은 신비함, 안전함과 새로움을 자극하는 도전, 교육적인 장소와 성장에 도움을 주는 장소가 되어야 한다. 안전하면서 보호받는 양육과 도전은 반대 개념이지만 이것은 세심한 조화와 균형이 이루어져야 한다. 발달은 유년기에 이루어야 하는 주요 과업이다. 그러나 건강한 발달을 위하여 아동들은 안전한 보호와 도전적 환경을 모두 원한다(Palmer, 2006).

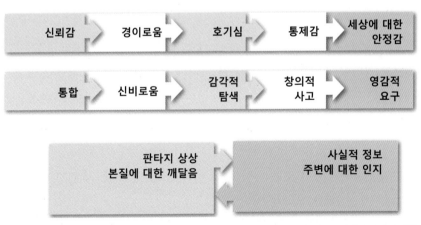

7 아동은 주변 환경에 대해 신뢰감, 경이로움, 호기심, 통제감의 단계적 과정을 거치면서 세상에 대한 안정감을 가진다. 환경적 발달은 통합, 신비로움, 감각적 탐색, 창의적 사고, 영감적 요구의 과정을 거친다. 현실에 대한 이해와 적응은 환상적이고 상상의 세계를 통하여 성장해 나간다.

3. 안전과 모험

1) 상반된 요구

헤겔은 모순을 '모든 움직임과 생명체의 기본'이라 하였다. 특히 아동의 발달과정에서 모순은 필수 요소이다. 성장은 극복하는 과정이며, 극복하기 위한 도전 없이는 발달을 이룰 수 없기 때문이다. 그러나 한편으로 아동은 안전을 원한다. 유년기의 이러한 갈등과 모순은 생활전반에 걸쳐서 다양한 형태로 요구되지만 앎과 모름, 도전, 자극과 확실한 안정성 간의 긴장은 미묘하게 존재한다.

자극은 건강한 생활을 위해 필요하며, 자극이 없는 생활이 지속되는 것은 지루하고, 우리 감각을 시들게 한다. 그러나 변화가 없는 자극은 오히려 스트레스를 준다. 균형감을 갖는 것은 바람직하지만 평화로운 안정감을 위해서는 동일성과 예측 가능성, 서로 대비되는 자극이 동시에 요구된다. 심리학자인 피스크와 매디(Fiske and Maddi, 1961)는 이것을 동일성 가운데 변화(difference within sameness)라 하였다. 자연 속에서 바람에 살랑이는 잎사귀, 흐르는 강물, 계속 움직이고 변하는 구름은 조용한 속도로 자연환경을 배경으로 안정된 세상의 감각적인 자극에 즐거움과 활력을 준다. 동일성 가운데 변화를 주는 환경은 드러나지 않고, 조용하고 경험적으로 감각이 풍부한 건물을 계획하는 것이다. 자극과 정적의 조화는 도전, 모험, 확신, 안전에 대한 신뢰와 창조하고자 하는 혼돈(카오스)에 대해 아동의 상반된 요구를 반영한 것이다. 아기는 조용함이, 충동하는 10대는 연령에 따라서 극단적인 발달의 적절한 균형이 모두 제공되어야 한다. 외부적인 자극과 정적인 차분함, 위험과 안전은 환경에서 모두 제공되어야 한다. 그러므로 아동의 환경 디자인에서는 이러한 요소들이 모두 중요하다(Day, 2007).

2) 안정감을 주는 디자인

혼란스럽고 복잡한 건물은 사람들에게 카프카적인 연민을 느끼게 한다. 다시 말해서 우리가 지금 어디에 있는지 분명히 알게 하는 것은 신뢰감과 안정감을 주는 것이다. 그러므로 아동이 쉽게 이해할 수 있는 건물을 디자인 하는 것은 안정감을

8 이해하기 쉬운 건물은 전체 주변과의 조화와 공간의 용도, 공간들 간의 관계, 위계를 쉽게 파악할 수 있다.

주는 데 중요하다. 지붕선과 유리 창, 재료와 파사드(정면)는 방의 용도, 건물의 관계와 위계를 표현해주는 요소들이다.

아동은 안전함을 느끼고자 '내가 여기에 어떻게 들어 왔는지, 어떻게 나갈 수 있는지, 이 공간이 어떻게 연결되어 있는지'를 알고 싶어 한다. 다른 곳으로 이동하는 길이 시각적으로 분명하지 않으면 두렵고 혼란스러울 수 있다. 시각, 청각, 후각과 같은 감각적 연계성이 방들의 관계에 대해 쉽게 이해할 수 있게 해 준다. 그러나 쉽게 이해할 수 없는 환경에서 아동은 갑자기 단절감을 느낄 수 있다.[*]

지도나 사인이 분명하지 않고 혼란스러운 곳은 아동에게 아주 좋지 않은 환경이며, 성인에게도 스트레스를 준다. 이런 환경은 아동에게 사물이 분명하지 않은 것으로 기억하여, 세상에 대한 불신을 배우게 한다. 인류학자 에드워드 홀은 "방향을 잘못 안내하는 공간은 정신적으로 혼란스럽다."고 하였다.[**] 그런 건축은 오히려 아동의 건강을 해친다. 이와 반대로 개성적이고 통일되고 분명히 방향을 알려주는 건물은 아동이 어디 있는지 알게 하므로 안전함을 느끼고 확신을 갖게 한다.

아늑하고 따뜻하거나 넓고 시원하고, 소음이 있거나 조용하고, 밝고 개방적이거나 어둡고 아늑한 느낌을 주는 대조되는 분위기는 그 장소의 개성을 더해 준다. 이러한 대비되는 특성은 우리가 어디에 있는지 분명히 알게 해 준다. 천정이 벽까지 내려오거나, 빔을 사용하여 영역을 나누는 것은 아늑하게 보호하는 느낌을 주

[*] Research by Prescott and Jones(1967) cited in Dudek, Mark(1996), Kindergarten Architecture. Spon.

[**] Hall, E.(1976). *The anthropology of space*. In Prohansky, Ittleson and Rivlin, eds, *Environmental Psychology: People and their Physical Settings*, Holt Rinehart and Winston, quoted in Dudek, M.(2000), *Architecture of Schools*, Architectural Press.

어 분리된 공간으로 인식된다. 특히 낮은 천정의 알코브 형태는 조용하여 더 사적인 공간으로 느껴지게 한다. 이런 환경은 아동에게 안전함을 느끼게 하여 내 집 같은 편안함을 주므로 바람직하다.

지각심리학자들은 유사한 특성들이 서로 연관되면 공간을 쉽게 읽을 수 있다고 한다.[*] 어린 아동은 유사하게 연관된 요소들을 전체적으로 파악하고 세상을 이해한다. 그렇지 않으면 세상에 대한 시각이 혼란스럽고 안전하지 않다고 생각하게 되어 오히려 상처를 받는다. 그러므로 '동일성 가운데 변화'란 디자인을 위해 시사하는 바가 크다. 변화는 정체성을 위해 중요하며, 일관된 통일성이 없는 곳은 조화가 부족하고, 연관성이 부족하여 안정되지 않을 때 아동은 신뢰를 갖지 못한다. 전통적인 마을에서 보여 주듯이 공간적 통일감은 형태가 동일한 것에 의한 것은 아니다. 그것은 형태에서 발생되는 건물재료 고유의 색채나 구조 유형이 동일한 형태를 만들 수 없으므로 그 모양은 다양하게 나타난다.

형태의 변화는 유사한 방식으로 표현된다. 원리는 다르지만, 서로 연관되어 다른 환경을 형성한다. 어떤 변화는 개성으로 존재하면서 다른 요소를 인정한다. 변화는 형태가 일치하지 않으면서 또 다른 일치성과 정체감을 강조한다. 그러면서 한편으로는 아동의 안전을 중요시한다(Day, 2007).

3) 안전한 모험

어린 아동들에게 안전이 중요하지만, 두려움을 더 먼저 요구하는 것을 알 수 있다. 걸음마기 아이는 낯선 사람을 보면 살짝 보고 엄마 뒤에 다시 숨는다. 병아리가 엄마 암탉 뒤로 달려가듯이, 어린아이도 가까이에 보호해 줄 수 있는 성인을 필요로 한다. 따라서 넓은 공간에서는 안전함을 느끼고자 알코브와 같은 아늑한 장소를 원하지만, 작은 공간이 있으면 그런 장소를 원하지 않는다.[**]

---

[*] Arnheim, Rudolf(1974). Art and Visual Perception: A psychology of the creative eye. Berkeley and L.A: Univ. of California press. 김춘일 역(2003). 미술과 시지각. 미진사.

[**] Riscke, Elke-Maria(1985) Pedagogical aspects of kindergarten architecture.

In Flinspach, Jürgen(1985) Waldorfkindergärten Bauen. Unpublished translation by Luborsky, Peter(1988).

대부분의 사람들은 등 뒤에 있는 벽에 기대어 앉기를 좋아한다. 등 뒤에서 예측할 수 없는 일이 생기는 것은 긴장감을 주고 불안하게 한다. 따라서 아동의 뒤에서 나는 이상한 소리나 문이 열리는 것은 불안함을 느끼게 한다. 아동은 어느 정도 안정된 곳에서 두려움 없이 놀이를 자유롭게 함으로써 자신감을 갖는다. 낮은 벽이나 부분적으로 투명하게 처리된 경계벽은 시각적으로 공간을 이해할 수 있게 되므로 두려움을 느끼지 않는다. 창문은 외부와 내부에서 일어나는 일을 쉽게 알게 해 주기도 하지만, 때로는 아동의 관심을 집중시키기 위해 외부에서 일어나는 활동이 보이지 않도록 차단하기도 한다. 조절감은 아동이 불안에서 벗어나 놀이하는 데 신뢰감을 주기 위해 필요하다(Olds, 2001).

4) 영역의 확장

성장은 도전을 극복하는 과정이다. 독립을 위한 초기단계에서 영아는 의자 뒤에 숨거나 담요나 보자기를 덮어서 비밀스런 나만의 집을 만든다(Cooper, 1995). 이런 숨는 장소는 상상놀이를 할 수 있는 무대 세트장, 화가 났을 때 혼자서 진정할 수 있는 곳, 그리고 안전을 위해 피할 수 있는 동굴의 기능을 한다(Bayes, 1967). 아동은 흥분하여 자신을 조절할 수 없을 때 보통 숨을 수 있는 장소를 찾는다. 숨을 수 있는 작은 장소는 아동이 자신을 조절할 수 있는 작은 영역이 제공됨으로써 사회적 영역을 준비하는 데 도움이 되는 곳이다.[*]

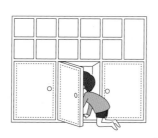 

9 아동을 위한 비밀 아지트는 아동이 자신만의 세계를 숨길 수 있는 곳이다.

[*] Hart, R.(1993). Summer in the City. *International Play Journal* 1, 3 Sept Quoted in Dudek, M.(2000). *Architecture of Schools*. Architectural Press.

10 아동의 놀이는 세상과 분리된 아늑한 처마 밑이나 나무 아래에서 주로 일어난다.

아동은 점차 성장하면서 집에서 멀리 떨어진 장소에 자신을 스스로 시험해 볼수 있는 자신의 집을 만들고 싶어 한다. 웬디하우스는 놀이 집이지만 집은 자신의 정체성을 응결시킨 세상 속의 자신의 집이다(Cooper, 1995).

공(kong, 2000)은 "… 환경적 경험은 아동에게 유용하다. 특히 유년기 중기에 부모의 통제에서 벗어나서 자신이 세상과 직접 부딪히는 경험을 하는 것은 건강한 성인으로 발달하는 데 매우 중요하다"고 하였다. 아동을 위해 만들어진 집(dens)은 도전도 아니고 새로 만들어진 것도, 비밀도 아닌 세상과 대부분 분리되어 있다. 일상에서 찾아낸 재료로 만든 '집(dens)은 자신만의 것'이 된다. 그러나 못이 많은 부서진 널판지와 같은 재료는 위험할 수 있다. 오히려 짚이나 죽은 나뭇가지 또는 살아 있는 버드나무로 자른 것이 더 안전하다. 그러나 사용하는 재료들이 아동이 다루기에 가벼우면 건물을 만드는 것에 대한 학습에 도움을 줄 것이다.

자연재료로 된 건물이나 집은 나중에 자연으로 다시 돌아갈 수 있지만, 폴리텐 판지와 같은 산업재료로 만든 것은 시간이 지날수록 볼품이 없어지고 환경오염원이 된다. 이러한 사실은 아동에게 자연과 함께 살아가야 한다는 교훈적 학습을 전해줄 수 있다. 살아있는 자연의 재료들은 다양한 형태로 아동의 상상력을 자극한다. 풍부한 자연 자원의 트리하우스는 상상력과 자유로운 생각을 할 수 있는 것으로 알려져 있어, 일부 학교에서는 이런 목적으로 아동을 위해서 나무를 심기도 한다.[*]

스웨덴 린셰핑(Linkoping)의 한 초등학교(Bjorko Friskolan)[**]에서는 축구장을 제

---

[*] For instance Harte Skole, Kolding, Denmark, descried in Fenoughty, Susan(1997). The Garden Classroom. Unpublished Churchill Fellowship report.

[**] Fenoughty, Susan(1997). The Garden Classroom. Churchill Fellowship report(Unpublished)

외하고 전체 운동장을 학습, 자연스런 놀이와 아동의 집 만들기를 위해 나무를 심었다. 학교 가까이에 있는 집은 접근하기 쉽지만, 아동은 멀리 떨어진 곳에 있는 집을 더 흥미롭게 생각한다. 그러나 도시의 버려진 땅은 쓰레기와 쥐, 노상강도, 상인, 깡패나 10대들의 불륜장소로 인식되어 안전하지 않다. 일반 성인들은 깨끗한 것이 최고라는 생각을 하고 있지만 아동은 잡초, 관목과 거친 나무가 있는 모험적이고 감독하지 않는 야생의 장소를 더 좋아한다. 그러한 장소가 범죄에서 안전한 장소가 될지는 사회 문화적 요인에 따라 다르다.

학교, 집, 공원 또는 황무지, 모험, 재미를 제공하는 장소는 평화와 안락함이 있다. 그러나 장소성이 없는 곳은 거칠고, 버려진 곳이며 더러운 장소라는 인식으로 범죄소굴이 되기 쉽다. 이와 같이 책임과 가치의 메시지를 나타내는 장소는 아동들에게 그와 같은 행동과 태도가 일어나게 하지만, 버려지고 돌보지 않는 장소는 그 반대의 행동을 유발한다. 이것은 장소가 아동에게 말하고자 하는 메시지로 전달되어 진다.

아동의 관점은 성인과 다르다. 제2차 대전 직후에 태어난 귄터[*]는 유년시절 전쟁의 잔해로 매우 어수선한 거리가 위험한 모습이었지만, 생애 가장 좋은 놀이터에서 놀았던 것으로 기억하고 있었다. 또 다른 독일인 친구는 폭탄 맞은 도시에서 보낸 유년시절을 기억하면서 이미 만들어진 놀이기구가 설치된 놀이터에서의 경험과는 매우 다른 굉장히 재미있고 창조성을 자극하는 장소였던 것으로 설명하였다. 이처럼 성인은 단정함과 질서 잡힌 것을 원하지만, 아동은 자유롭게 모험할 수 있고, 스스로 만들고 구성하고 숨을 장소가 있는 곳으로 질서 잡히지 않은 곳을 원한다는 것이다.

아동이 영역적으로 독립할 수 있는 또 다른 방법은 개인 침실을 가지고 생활할 때 사생활의 소유감이 증가하면서 성장한다. 수산 이삭의 몰팅 하우스 실험학교(Malting House School)는 이런 생각을 반영하고자 기숙생들에게 모두 잠글 수 있는 문이 있는 개인 침실을 주고, 아동발달을 지원하는 장소로 사적인 장소를 제공

---

[*] Günter Beltzig(2016). "귄터가 꿈꾸는 놀이터". 어린이 놀이터 국제 심포지엄(2016. 5. 26)

하는 데 중점을 두었다(Dudek, 2000).

5) 모험

아동은 모험을 좋아한다. 모험은 의존적인 아동에서 독립적인 아동으로, 그리고
자기 지향적인 성인으로 성장하는 데 중요한 부분이며, 자기 자신을 확장하고 일
깨우게 하는 것이다. 여기에서는 두려움을 극복하는 것이 중요하다. 벽 타기, 나무
오르기, 높은 그네와 자전거 타기는 두려움을 극복하기 위한 경험이다. 이러한 경
험은 영아기의 까꿍 놀이와 걸음마기의 숨바꼭질이다. 이것은 진짜 놀람과 모험의
과정이다.

모험은 내적 성장에 중요하지만 안전의 문제는 어떠한가? 이것은 예민한 문제이
다. 아동이 안전하지 않은 곳에서 놀기를 원하는 부모는 아무도 없다. 모험에 도전
하고 싶어하는 아동도 거의 없다. 모험은 위험할 수 있다. 그러나 도전 없는 생활
은 발달을 지체한다. 그러므로 중요한 것은 도전을 최대화하면서 위험을 최소화하
는 것이다. 위험하다고 느껴질수록 실제로는 더 안전하고자 하는 요구의 발달이
생존을 위한 욕구로 표현되어 안전한 위험으로 알려진 것이다(Kong, 2000).

언덕에 설치된 미끄럼틀은 곡선으로 길게 달릴 수
있는 기회를 주고 경사도(40도 까지)가 다양하다. 고
정된 미끄럼틀보다 재미있으면서 실제로 더 안전하
다. 또한 언덕에서도 많은 놀이가 일어날 수 있어서
아동들 간의 다툼도 감소되고, 좌절감도 적어져 또
다른 할 일이 생긴다. 사고가 일어나는 원인은 겁이
많아서 생기는 것이 아니라, 놀이기구를 잘못 다룬
데서 비롯된다.

아동은 사고에 대한 예측 경험이 없으므로 위험
에 대한 인지를 할 수 없다. 예를 들어 그네는 전체
높이의 2배 정도 여유가 있어야 하고, 케이블이나 회
전목마와 같이 움직이는 기구는 울타리가 있는 놀
이터 주변 가장자리가 더 안전하다. 놀이기구나 건

11 아동은 스스로 철봉 매달리
기에 도전하면서 신체적 한계를
실험해 보고자 한다.

12 아동들이 안전하게 오를 수 있도록 나무 기둥에 올라갈 수 있는 홈을 파주어 나무에 오를 수 있는 경험을 하게 한다. 아동들이 약한 나뭇가지에 함부로 올라가게 하는 것은 위험하다.

물의 코너는 부드러운 곡선의 형태로 되어야 한다. 지표면은 잔디와 나무껍질과 같은 자연적인 바닥재가 효과적이다. 모든 실외 바닥재 가운데 우드 칩이 떨어졌을 때 가장 안전하고 냄새도 좋다. 그러나 오래 사용하여 부서지면 교체해 주어야 한다. 모래가 바닥재와 놀이에 안전하지만, 모래 구덩이는 오르는 나무 아래에 깔아서는 안 된다. 잎이 떨어져서 오염되기도 하지만, 조심성 없는 아동이 떨어지면 다칠 위험이 있다(Olds, 2001).

물놀이와 나무 오르기는 아동들이 좋아하는 일이다. 어느 것도 안전하지 않지만 재미도 있고 발달에도 중요하기 때문에 1952년 교육 국무성에서는 "나무에 오르면서 아동들이 움직이면서 최대한 뻗을 수 있는 곳의 가지를 따라 필요한 곳에 길게 뻗어지는 곳까지 예각으로 주변의 길을 만들어 주면 융통성이 생기게 된다"고 승인하였다.* 아동은 나무와 자신에 대해 더 알기 시작하고 높이, 넓이, 깊이, 무게, 탄력성에 대한 새로운 인식을 얻게 된다. 그러나 아동은 나무에 먼저 오르고 난 다음에 아래를 내려다보면서 키 큰 나무의 위험함을 알게 된다. 낮게 퍼지는 사과, 배, 체리와 같은 나무는 오르기 좋은 만큼 떨어지기도 쉽다. 기본적으로 높이는 1.5미터까지 하고 아동에게 모험적으로 높은 눈 높이는 2.7미터이다. 네트와

---

* Ministry of Education(1952). Moving and Growing. HMSO

로프는 아동에게 넓은 면을 구성하도록 하고, 밧줄이 마모와 자외선으로 인해 손상되므로 정기적으로 검사해야 한다. 낮게 퍼지는 가지를 가로질러 주름잡아 주는 트롤망은 아동이 매달려서 수다 떠는 나무 꼭대기의 사교적인 장소로 '네스트(둥지)'를 만들어 준다(Day, 2000).

13 나즈막하게 넓게 퍼지는 가지에 설치한 트롤망은 최소의 위험으로 나무꼭대기 사회적 교류장소의 역할을 한다. 주름잡아 주는 트롤망은 아동들이 매달려서 수다 떠는 나무 꼭대기의 사회적인 장소로 '네스트(둥지)'를 만들어준다.

물놀이는 위험하지는 않다. 또한 기분을 전환시켜 주어 위험한 것으로 보이지 않는다. 대부분 안전하지만 아주 낮은 2~3cm에도 방심하면 빠질 수 있다. 5세 이하 아동의 머리는 비율적으로 커서 머리가 아래로 가라앉는다. 따라서 어린아이들은 항상 성인이 감독해야 한다. 유아들을 위해서 물은 20cm 이하여야 하고, 깊이의 변화가 있어서는 안 된다. 특히 콘크리트 같은 단단한 표면은 물 밑에 해초 같은 끈적거리는 것이 자라서 눈에 보이지 않게 자갈 같은 것을 사용한다. 얕은 경사로 된 큰 연못이나 넓은 운하와 엉클어진 해초가 없는 곳은 비교적 안전하다. 작고 깊은 연못은 바위로 채우거나 부식하지 않는 그물망 또는 갑판으로 덮고 울타리를 쳐야 한다. 하지만 영구적으로 아동의 위험을 방지하는 울타리는 거의 없다(Olds, 2001).

나무, 물, 그리고 어떤 모험적인 것이 없으면 다칠 위험이 없어 안전하지만, 놀이가 재미없다. 재미있는 생활은 신경학적으로 과잉보호 되었을 때가 아니다. 알렌 여사는 모험놀이터는 '위험해야 하고 아동들은 이것을 원한다'고 한다.* 인지된 위험은 행동을 수정하고 보호와 책임감을 가지게 한다. 또한 안전에 대한 인식을 갖게 하여 어떤 상황에서 습관이 되게 도와준다. 위험요소를 서로 서로 감독하여 아

---

* Lady Allen(1969년부터 영국 모험 놀이터 창시자) : archive interview in The Learning Curve, BBC Radio 4, 25 June(2002).

동은 사회적·공간적 인식이 발달한다. 이것이 발달하면서 협동적 모험놀이터에서 협동 없이 불가능한 모험적 활동을 하게 한다. 교육적으로 위험은 아동이 의도적으로 과업을 수행하도록 한다. 일상 생활에서는 이와 비슷한 수준의 일이 거의 없기 때문에 위험의 경험은 의도를 가지고 교육하는 것이 중요하다(Green, 2006). 그러므로 위험은 발달적·사회적·교육적으로 유용하다.

통계상으로 보면 위험한 놀이터와 마찬가지로 안전한 놀이터에서도 사고가 많은 것으로 나타나 소송이 점차 증가하고 있다. 놀이터 사고가 증가된다는 이유로 놀이터의 모래 더미는 위생적이지 못하여 폐쇄되고, 나무 오르기는 금지되고, 1.5미터 이상의 높이가 높은 기구는 제한한다. 그 결과 너무 안전하게 만들어진 재미없는 공원이 만들어져 놀이는 점차 줄어들고 있다. 안전을 위해 놀이의 재미는 줄어들고, 아동의 성장을 위한 경험은 축소되어 발달이 지체되는 결과를 가져오고 있다. 불행하게도 아동들은 모험의 기회를 빼앗기고, 철길과 건물 공사장과 같이 실제 위험한 장소로 탈출해 나오고 있다.* 그러므로 사고방지 로열 소사이어티에서는 놀이터는 지나치게 안전해서는 안 된다고 규정하고 있다. 영국에서는 매년 교통사고로 700명 이상의 아동이 사망하므로 도로로 나가는 아동을 지키기 위해서 '위험한 놀이터'가 사실 더 안전하다는 것이다.** 또한 10대 청소년에게 위험한 드릴을 못쓰게 함으로써, 더 큰 위험을 주는 운전과 마취성 시도로 유인하고 있다. 그러면 위험의 적정수준은 무엇인가? 진짜 위험한 것을 책임있게 추천할 수 있는 사람은 아무도 없지만, 인지된 위험 없이 다른 위험으로 대체되면 위험의 횟수가 오히려 증가된다.***

아동에게는 위험을 인지하고 새로운 것에 도전할 수 있는 자극이 필요하다. 이것은 자기 신뢰와 자존감을 발달시키는 데 중요한 요소이다. 불행하게도 단지 몇 년 간의 생활 경험으로 성장하도록 아동을 제한하고, 낯선 환경에 적응하도록 할 때 오히려 위험하고 잘못될 수 있다. 그러나 영아기의 의존성만으로 계속 자라게

---

* Professor David Ball, interviewed on The Learning Curve, BBC Radio 4, 25 June(2002).
** Today Programme, BBC 4, 15 June(2006).
*** Uk figures, 2006.

하는 것은 성장하는 아동에게 최악의 시나리오가 될 수 있을 것이다.

4. 창조성 : 앎과 미지의 만남

아동은 원래 성장 초기 과정에서부터 그들이 원하는 것, 세상의 의미, 생활의 의미를 찾고자 끝없이 탐색하면서 자연스럽게 새로운 생각을 하게 된다. 이것은 모든 것을 알고자 하는 호기심과 열린 마음이 있기 때문이다. 이미 사고가 형성되어진 성인과 달리 아동은 한번 힐끗 보면서도 사물의 적절한 사용법을 알고, 열심히 집중하여 틀리기도 하면서 실패하기도 한다.

비곱스키는 창의성은 미지의 알 수 없는 미래를 생각하는 의식의 다른 형태로서, 전통적인 물질적 측면의 진리보다 더 풍성한 진리를 마음에 인지하는 것이라 한다. 창의성은 뇌관에서 충동을 일으키는 혼돈이 외부세계의 이미지로 질서화되어 두뇌 표면에 신호를 전달하여 만들어지는 것이다. 또한 일상생활에서 창의성은 질서와 혼돈이 상호 흡수·침투되고 내부적 충동이 방해하는 외부 자극과 만나는 곳에서 풍성하게 자란다.

내면의 상상력과 주변과 적응하는 창의성은 서로서로 자극을 준다. 매력적인 분위기와 감각적인 풍요로움은 상상력을 자극하고, 장인과 예술은 창의성을 자극한다. 어떤 공예 작업은 어느 장소에서나 할 수 있지만, 어떤 작업은 완전히 갖추어진 작업장이 필요하다. 어떤 것은 실외가 적합하고, 또 다른 것은 실내가 더 적합하다. 예를 들어 그린우드 터닝은 야외의 공기와 습도가 같은 환경 조건이 필요하다. 그러나 금속작업 제철소와 도기 가마가 필요한 작업은 불의 위험이 있으므로 작업장이 서로 분리되는 것이 더 안전하다.

레지오 에밀리아 학교는 아동이 손으로 하는 작업을 통하여 사고하고 감각을 촉진해 주기 위하여 아주 어린 아동이라도 진짜 도구를 가지고 사용하도록 모든 교실에 아뜰리에를 두고 있다. 이 곳에서는 위험할 수 있는 진짜 도구들을 잘 사용할 수 있도록 배려하므로 더 안전하다고 한다.

예술은 어느 곳에서나 가능하다. 스타이너(주니어)학교의 예술은 교실에서 하지만 생활과 분리시키지 않는다. 레지오 에밀리아의 스튜디오는 실제 행동할 수 있는 영역을 확장하고자 지저분한 놀이를 하는 곳은 특별한 환경적인 조건을 갖추고 있다. 풍부한 빛을 제공하고, 종이를 쉽게 쌓아 둘 수 있는 큰 벽과 다양한 오버헤드와 커다란 싱크가 설치되어 있다. 넓은 바닥, 높은 천정과 흰색 또는 회색 같은 차분한 색상으로 만들어진 환경은 어지럽고 번잡한 활동을 맘껏 할 수 있는 환경과 중화되어 잘 조화를 이룬다.

14 에밀리아 교실은 밝고 차분한 색상으로 아이들이 자유롭게 다양한 활동을 하도록 지원해 주고 있다.

창의성을 자극하는 환경이 무엇인지 이해하기 위하여 Dubos(1973)는 얼마나 많은 창의적인 사람들이 뉴욕의 로어 이스트 사이드(Lower East Side) 또는 작은 가족농장에 있는지 관찰했다. 서로 대조되는 환경이지만 두 가지의 상황은 모두 다양한 경험을 제공하고, 자원이 풍부하고 유연한 상상적 사고와 행동에 대한 영향성이 나타나고 있었다. 풍부한 탐색의 기회는 창의성을 촉진하므로 어린아동을 위해 감각적 탐색을 하도록 한다. 의식적으로 직접적이고 지적으로 이해하려는 탐색은 연령에 따라서 다르게 나타난다. 예술적 탐색은 여러 가지 방식으로 사물을 알도록 한다. 고정적인 사각 형태와 공간과는 다르게 살아 있는 것은 항상 변화하고, 부드러운 면을 가진 생명체로서 상상의 기회를 증가시킨다. 상자 같은 환경은 고정된 생각을 하게 한다. 일상생활이 일어나는 주변 환경은 유연성과 생명, 살아있는 생각을 서로 자극하게 한다.

아동이 주변 환경을 탐색할 수 있는 기회를 주는 디자인은 탐색할 수 있는 방법을 알게 하는 것인데, 교육적이라고 생각되는 장난감은 이러한 탐색의 기회를 제한하게 할 수 있다.

미지에 대한 도전만이 창의성을 자극한다. 지식의 한계를 넘어서는 일이 중요하지만 창의성은 그 과정을 이끌어내는 직관적인 방향에 달려 있다. 이것은 발달 개념에 대한 다양한 방법을 요구한다. 이것은 아는 것보다 오히려 알아가는 과정이다. 창의성은 항상 새로운 것을 만들어 갈 수 있을 뿐이다. 단순히 지식을 기억하는 것은 단지 재생산만 할 수 있을 뿐이다. 스테이너는 과거에 기초한 지식의 재생산은 미지에 대한 창의성을 향한 미래를 의식하는 노력이 함께 조화되어야 한다고 한다. 경험하지 않아서 친숙하지 못한 상황을 기억하는 재생된 지식은 새로운 생각을 유도하지 못하여 부적절하다. 창의성이 없는 것은 단지 지나가는 바람에 불과하므로 지속되지 못한다(Day, 2007).

PART **2**

아동을 위한 환경디자인

아동의 권리는 어떠한 종류의 차별 없이 아동에게 최대한 이익이 되도록 모든 행동과 정책들이 시행되어야 하고, 아동의 참여는 언제나 그들의 생존과 발전을 촉진하는 것을 목표로 실천되어야 한다. 동시에 아동의 권리를 진지하게 듣고 아동의 입장을 반영해야 한다(Santos Pais, 1999).

Environment is sometimes called a 'hidden curriculum'.
Being hidden, it's hard to identify direct causal links, but its
impact is nevertheless profound.
Alan Marshall

❹ 아동을 위한 환경디자인 개념
❺ 아동 환경의 현황
❻ 아동 환경의 국외 사례

아동을 위한 환경디자인 개념

우리가 생활하는 환경은 그곳에서 활동하는 사람들의 특성 및 요구와 밀접한 관계 속에서 상호작용한다. 즉 인간은 환경을 형성하고 환경은 인간을 발전시킨다.

아동이 생활하는 환경은 그들이 다른 아동과 또는 부모, 조부모, 주변 성인과 서로 정서적인 관계를 맺고 경험을 쌓으며 규칙을 익히고 조절 능력을 향상시켜 나가는 등 자연스럽게 보고 배울 수 있는, 생활과 학습이 동시에 일어나는 매우 중요한 공간이다. 이러한 환경을 어떻게 계획하는가에 따라 아동의 발달에 지대한 영향을 미치며 아동 이후의 삶이 결정된다고 해도 과언이 아니다. 아동의 성장과 발달을 도모하는 생활환경은 아동실, 외부 놀이 공간, 혹은 어린이집 등에 국한되는 것이 아니라 주택 전체를 포함한 주거단지, 마을, 지역사회 등 아동의 생활이 이루어지는 생활환경 전반에 걸쳐 있다.

최근 저출산 현상을 앞서 경험한 일본을 중심으로 주택과 생활환경 전반에서 아동의 성장과 발달에 적합하도록 아동을 위한 환경을 디자인하고자 하는 움직임이 시작되고 있다. 특히 아동을 위한 환경을 아동 성장의 관점에서만 바라보는 것이 아니라 아동을 잘 키울 수 있어야 한다는 양육의 관점으로 바라보는 데까지 확장되고 있다. 아동이 잘 성장하기 위해서는 아동의 인적 환경인 아동 양육을 담당하는 부모 또는 성인이 양육의 부담을 덜고 즐겁고 편안한 생활을 할 수 있을 때 아동에게 긍정적인 영향을 미치게 된다. 그러므로 아동을 위한 환경은 동시에 아동 양육을 담당하는 성인의 특성과 요구까지 포용해야 한다.

아동을 위한 환경을 성장과 양육이라는 두 가지 관점에서 접근하고자 하는 시도들이 아동을 위한 환경디자인을 다루고 있는 일본의 지자체 정책과 저서 및 논문에서 나타나고, 아동 관련 주택사업을 실시하는 기업이 표방하는 디자인 개념으로 자리매김하고 있다. 일본 아이치 현(愛知縣)의 '육아를 위한 주거환경 가이드라인'은 아동도 어른도 서로 즐겁고 안정된 삶을 실현하는 양호한 주거환경 만들기를 목표로 하고 있으며, 야마구치 시(山口市)는 '육아세대 안심주택'에 대한 지침에

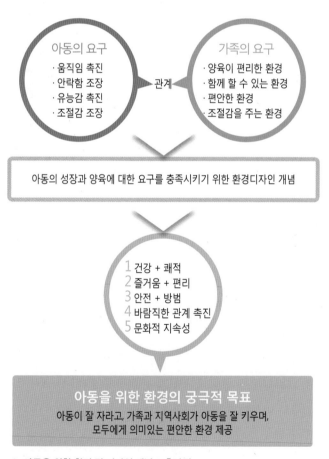

1 **아동을 위한 환경 및 디자인 개념 도출과정**

서 아동이 건전하게 성장하고 아동을 낳고 키우는 즐거움을 실감할 수 있는 장소로서의 주택 디자인 개념을 제안하고 있다.

이처럼 아동을 위한 환경이 단순히 아동만을 중심에 두고 아동의 성장과 발달에 적합한 아동실이나 외부 놀이 공간을 다루던 과거와는 달리 최근에는 아동뿐아니라 또래 아동, 가족, 이웃 등 다양한 사람을 포함한 관계와 소통을 중심으로주택의 모든 공간과 근린의 생활환경에 이르는 보다 넓은 범위를 다루고 있으며아동과 그 가족의 건강한 성장과 발달을 도모하는 환경디자인에 주목하고 있다.

아동은 균형있게 성장해야 한다. 아동은 감성, 신체, 지성, 사회성 등 다양한 측면에서 스스로를 성장시키고 살아나갈 수 있는 힘을 키워야 한다. 또한 부모를 비롯한 가족과 지역사회, 나아가 국가는 아동이 건강하게 성장할 수 있도록 최대한지원해야 하고, 특히 부모와 가족이 아동을 1차적으로 건강하게 키울 수 있는 환경을 구축하여야 하다. 즉 아동을 건강하게 키울 수 있는 환경은 아동발달이라는관점에서 아동의 발달특성과 아동을 양육(보호하고 함께 생활하는)하는 가족(성인)의 요구들을 모두 반영한 환경이어야 한다.

따라서 이 책에서는 아동을 위한 환경은 '아동이 잘 자라고, 가족과 지역사회가아동을 잘 키우며, 아동과 가족 모두에게 의미있는 편안한 환경'이라는 것을 전제로, 아동 환경디자인의 궁극적 목표를 다음의 세 가지로 정의한다.

첫째, 아동을 위한 환경은 아동의 성장과 발달에 적합한 환경이어야 한다.
둘째, 아동을 위한 환경은 아동 양육을 분담하는 가족과 지역사회의 지원환경이어야 한다.
셋째, 아동을 위한 환경은 아동과 가족 모두에게 자연친화적이며 문화와 전통적가치를 전수하여 정체성을 부여하는 지속가능한 환경이어야 한다.

아동 환경을 디자인하는 궁극적 목표를 실현하기 위해 이 책에서 제시하는 가이드라인은 '건강하고 쾌적한 환경', '즐겁고 편리한 환경', '안전한 환경', '바람직한관계를 촉진하는 환경', '문화의 지속성과 아동문화를 조장하는 환경'의 개념을 바탕으로 하고 있다.

1. 건강하고 쾌적한 환경

몸과 마음이 모두 건강한 아동을 키우는 것은 가족은 물론, 사회 차원에서도 매우 중요한 과제이다. 아동을 건강하게 키우기 위해서는 빠르게 성장하는 아동의 변화와 이에 따른 요구에 적합한 환경을 조성해야 한다.

그러나 오늘날 대기오염이나 새집증후군, 환경호르몬 등 아동의 건강을 저해하는 많은 요인이 표면화되고 증대하고 있다. 최근 들어 쉽고 빠르게 만들고 사용하기 위해서 또는 멋지게 보여주기 위해서 사용되는 합판, 단열재, 가구, 섬유 등의 재료들에서 방출되는 포름알데히드, 톨루엔 등으로 인해 사람에게 유해한 환경이 되고 있다. 이러한 환경에서 생활할 경우 눈이 따갑고 두통이나 천식 또는 아토피성 피부염 등의 질환이 나타나게 되는데, 이를 새집증후군(sick house syndrome)이라고 한다. 그리고 오래되고 제대로 관리되지 않아 거주하는 사람들의 건강에 영향을 미치는 헌집증후군도 나타나고 있다. 특히 아동은 이러한 환경에 예민하게 반응하고 성장하는 과정에서 심각한 영향을 받게 되므로 아동을 건강하게 성장할 수 있도록 이러한 유해한 환경을 예방하고 개선하도록 노력해야 한다. 즉 건축·도시환경은 아동의 건강을 보장하고 아동의 건전한 발달을 촉진하도록 계획되어져야 한다.

아동의
발달단계   영아기   유아기 전기   유아기 후기   아동기 전기   아동기 후기   청소년기

2 아동의 발달단계   신체적인 성장은 물론, 정신적인 성장이 중요한 시기이다.

한편 아동이 건강하게 성장하기 위해서는 아동에게 적절한 온도, 채광, 환기 등을 갖춘 쾌적한 생활환경을 제공해야 하며, 아동을 위한 환경을 디자인할 때 이 점을 반드시 고려해야 한다. 온도, 채광, 환기 등에서 쾌적한 환경은 아동은 물론 아동을 양육하는 부모에게도 중요하다.

1) 건강한 주거환경

새집증후군이나 환경호르몬 등으로 인해 아동의 생활환경이 위협받고 있다. 여러 가지 재료, 공법 등은 아동의 건강한 생활을 해치지 않도록 신중하게 검토하여 사용해야 한다.

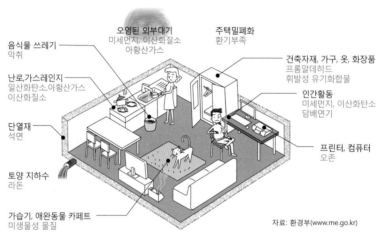

자료: 환경부(www.me.go.kr)

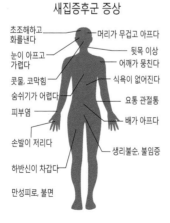

새집증후군 증상

자료 : 시민환경기술센터

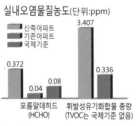

실내오염물질농도(단위:ppm)

3 **새집증후군**　주택을 새로 짓거나 기존주택을 개보수할 때 시공이나 인테리어 중에 사용한 자재나 가구 등에서 포름알데히드 및 휘발성 유기화합물 등의 유해화학물질이 발생하여 실내 공기가 오염되고 오염된 실내공기가 주택에 거주하는 거주자에게 일시적 또는 만성적인 아토피성 피부염, 천식, 두통, 어지러움, 구토 등 건강에 이상을 일으키는 증세를 말한다. 새집증후군의 원인물질을 발생시키는 오염원은 건축 중에 사용하는 물질과 입주 시 사용하는 물질, 입주 후 생활 중에 사용하는 물질로 구분할 수 있다.

2) 아동의 건전한 발달을 위한 지역사회환경

아동이 건강하게 성장하기 위해서 지역사회에서는 발달단계 특성에 적합한 놀이시설, 교육시설, 의료시설 등을 제공하여 아동의 신체적 건강뿐 아니라 정서적·심리적 건강까지 돌볼 수 있어야 한다. 지역사회는 아동을 위한 의료, 교육, 놀이, 가족 지원까지 포함한 아동친화적 성장환경을 제공하기 위한 종합적 프로그램과 건축 및 도시환경을 정비해야 한다.

4 진안군의 조림초등학교는 80%가 임야인 청정지역 진안군의 지역적인 특성과 친환경자재로의 리모델링을 통해 '아토피 친화시범학교'로 운영되고 있다. 또한 학교 내부는 아토피 피부염을 관리하기 위해 물백묵을 사용하여 분필가루를 없애고, 공기청정기를 설치하였으며, 벽은 모두 친환경 황토와 편백나무를 사용하고 있다.

3) 건강한 도시환경

도시는 차에 의한 공해, 대기오염을 축소시킬 수 있도록 구성되어야 한다. 특히

5 복잡한 도시환경에 휴식장소로 마을공원, 수목원 등의 녹지공간을 제공하여 쾌적하고 건강한 도시를 만든다.

아동이 거주하는 지역은 녹지를 충분히 확보해서 청정한 공기와 마음이 편안해지는 환경, 쾌적한 환경이 형성될 수 있도록 한다.

6 도서관 1층에 있는 이 공간은 아동의 놀이와 독서, 다양한 체험행사까지 할 수 있는 프로그램을 가지고 있다.

7 아동도서영역 내 한 코너에 아동을 위한 휴식공간이 마련되어 있다.

8 일상생활 주변에서 흔히 볼 수 있는 라디에이터, 자전거, 바퀴, 세면기 등의 재활용품을 이용하여 만든 조형물로, 아동들에게 흥미와 상상력을 자극하는 재미있는 놀이터의 모습이다.

2. 즐겁고 편리한 환경

아동은 즐겁게 놀 수 있고 사용하기 편리한 공간과 환경에서 '스스로 할 수 있다'는 자립심과 자긍심을 키울 수 있다. 그리고 기본적인 생활습관을 자연스럽게 익히게 된다. 따라서 아동이 공부나 집안 심부름, 놀이 등을 하기 쉬운 집을 만드는 것이 중요하다.

또한 많은 일을 동시에 처리해야 하는 부모를 위해서 편리하게 배려된 환경은 양육기 부모가 가지고 있는 스트레스를 경감시켜 주고 인간으로서의 생활에 대한 충족감을 느낄 수 있도록 한다. 부모가 행복하고 즐겁게 생활할 수 있어야 아동도 건강하고 안정감있게 성장할 수 있다. 아동을 낳아 기르는 것은 기쁨이다. 그러나 최근 저출산 현상은 현대사회가 아동을 낳아 기르기 어려운 사회임을 증명하고 있다. 아동을 기르기 쉬운 환경을 조성하기 위해서는 사회적 양육지원시스템 정비는 물론, 건축·도시도 아동을 낳고 기르기 쉬운 환경으로 정비되어야 한다. 그리고 아동을 기르기 쉬운 환경은 건강한 아동이 자라는 환경을 의미하므로 모든 건축, 도시환경의 요소들을 아동 성장과 양육의 관점에서 다시 점검해 볼 필요가 있다.

1) 아동의 성장에 적합하고, 즐겁게 놀고 배울 수 있는 환경

아동이 태어나고 성장하는 과정에서 필요한 공간의 넓이나 사용상의 변화를 미

9 낮고 작은 수납공간은 아동 스스로 자신의 옷이나 장난감을 정리할 수 있다.

10 아동이 자유롭게 놀 수 있도록 조성된 실외환경은 아동의 몸과 마음을 성장시킬 수 있다.

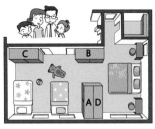
① 부모 + 유아기

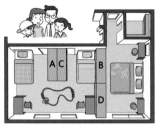
② 부모 + 아동기

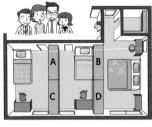
③ 부모 + 청소년기

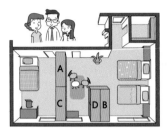
④ 부모 + 성인기

11 아동의 성장에 따라 가변형 가구를 사용하여 적절한 공간을 조성할 수 있다.

자료: www.city.osaka.lg.jp/toshiseibi/
page/0000152967.html

12 오사카부에서 제시한 육아안심아파트의 표준평면 일본의 지방자치단체에서는 육아기 가정을 지원하기 위한 육아안심아파트 인증제도를 실시하고 있다. 여기에는 주거나 근린환경이 가져야 하는 조건들을 제시하고 있다.

리 고려하여 아동 성장에 따른 변화에 유연하게 대응할 수 있도록 하거나 근린환경 등 생활환경을 만드는 것이 중요하다. 그리고 아동이 즐겁게 놀면서 자연스럽게 기본적인 생활습관을 익혀 공부나 일상 활동들을 쉽게 할 수 있는 환경으로 만들어야 한다. 또한 아동이 가족이나 지역사회와 서로 접하고 적절한 관계를 맺을 수 있는 환경으로 만들어야 아동이 건강하고 여유있게 성장할 수 있다.

2) 아동을 키우기 쉬운 환경

아동 양육을 담당하는 부모의 가장 큰 스트레스원은 양육과 가사의 병행이라고 할 수 있다.

13 아이들을 지역사회의 도움을 받아 키울 수 있도록 집합주택의 저층부에 어린이집을 설치(스웨덴)하거나 가로에 면한 건물의 1층에 상점을 설치(독일 보봉)하게 할 수 있다.

　양육기 부모의 가사 부담을 경감시키는 환경은 부모를 신체적·정신적으로 건강하게 만들어주는 동시에 아동과 함께 있을 수 있는 시간을 충분히 가질 수 있고 일과 양육을 양립할 수 있어 아동 양육에 대한 부담을 경감시키는 효과가 있다. 따라서 아동 양육의 관점에서 주거나 근린환경 등 생활환경을 계획하는 것이 중요하다. 그리고 지역사회에는 아동 양육에 관한 정보 제공을 비롯해 양육에 관한 학습이나 상담 등의 서비스를 제공하는 인적 지원시스템을 마련하고 이를 위한 환경도 정비되어야 한다.

3. 안전한 환경

　아동이 건강하게 자라기 위해서는 반드시 안전성을 확보하여야 한다. 그러나 아동의 안전사고 대부분이 일상생활이 주로 이루어지는 가정 또는 지역사회에서 발생하고 있으며, 이러한 사고는 아동의 생명을 위협하고 또 평생의 장애를

14　하인리히(H.W. Heinrich) 법칙　　1930년대 초 미국의 한 보험회사 관리자인 하인리히(H.W. Heinrich)에 의해 주장된 이론이다. 이는 1번의 중상해 발생 시, 그 전에 29번의 경상해가, 300번의 위험징후가 있었다는 법칙으로, 즉 사소한 위험을 방관하면 330번에 1번은 중대사고가 발생한다는 이론이다.

초래하기도 한다. 아동의 안전사고 중에서 교통사고가 높은 비율을 차지하는 것으로 나타나 아동의 주생활권인 주거지와 학교 근처가 차량에 의해 아동의 안전한 놀이는 위협받고 있음을 알 수 있다.

15 도미노 이론   안전사고는 관리될 수 있다는 것이다. 즉, 다섯 개의 도미노 중 어느 한 개라도 제거하면 연쇄반응이 정지되어 그 후의 도미노는 쓰러지지 않듯이 상해 혹은 손실이 발생되지 않도록 하기 위해서는 그 이전의 어느 요인이라도 제거해야 한다. 그러나 이러한 요소는 스스로 제거가 어려우므로 '인간의 불안전 행동'이나 '기계적 혹은 물리적 위험상태'를 제거함으로써 사고 발생을 억제할 수 있다는 원리이다. 즉 안전사고의 기본 원인이나 인간의 실수에 대한 과학적인 접근을 통하여 그 원인들을 규명하고 대처방안을 수립하면 안전을 확보할 수 있다는 것이다.

그리고 유괴나 성범죄 등의 위험은 아동의 발달에 필요한 다양한 활동과 놀이의 범위를 축소시키고 있다. 그래서 아동이 겪을 수 있는 각종 사고나 위험을 미리 예방함과 동시에 범죄나 재해 등에서 아동을 지킬 수 있는 환경이 필요하다. 특히 아동을 대상으로 한 범죄를 예방하기 위해 범죄예방환경디자인(Crime Prevention Through Environmental Design; CEPTED)이 요구되는데, 이는 안전사고와 범죄 발생에 대한 시공간적 상황에 대비하여 환경의 계획·설계·정비·관리 등 넓은 의미에서의 환경디자인을 통하여 안전사고와 범죄를 미연에 방지하는 방안을 의미한다.

자료 : 어린이를 사고와 범죄로부터 지키는 환경과 지역 만들기

16 방범환경설계의 기본 방향

1) 안전사고, 범죄, 재해로부터 안전한 환경

아동의 통학로나 놀이 장소가 될 수 있는 길, 광장은 차량 통행과 분리되도록 계획하고 설치하여 아동이 안전하게 걸어 다니거나 자전거를 탈 수 있도록 마을을 만들어야 한다. 그리고 아동 범죄를 예방하기 위하여 아동의 놀이 공간은 사람들 (지역주민들)의 시선이 닿는 장소에 계획될 필요가 있다. 아동 주변의 건축·도시환경은 굴러 떨어지거나 넘어지는 등 아동이 일상생활에서 겪을 수 있는 많은 안전사고의 발생 위험에 노출되어 있다. 따라서 아동을 위한 환경은 아동의 자유로운 행동을 방해하지 않으면서 안전사고가 발생하지 않도록 세심하게 디자인되어야 한다.

17 완전히 분리된 보행로는 아동에게 안전한 놀이 공간이 될 수 있다.

2) 아동이 안전하게 놀 수 있는 환경

아동의 안전을 지나치게 강조할 경우 아동을 작은 우리 안에 가두게 된다. 오늘날의 도시와 건축환경은 안전성을 중시한 나머지 아동의 영역을 축소시키고 가두는 방향으로 진행되고 있으며, 이러한 축소되고 폐쇄된 환경은 아동의 은둔이나 반사회적인 행동을 유발하는 원인 중 하나라고 할 수 있다.

특히 아동의 놀이가 주로 이루어지는 놀이터에서는 생각보다 많은 사고가 발생하고 있다. 7~14세 어린이 안전사고 중 1개월 이상의 치료기간이 소요되거나 사망 등 중상해 사고의 경우 2011년 244건, 2012년 157건, 2013년 147건으로 점차 감소하는 추세를 보이고 있다. 이 중 놀이터에 설치된 놀이기구에서 발생한 사고는 128건으로 전체 중상해 사고의 23.4%를 차지하는 것으로 나타났다.

저소득층 아동 68명을 대상으로 시행된 장기연구에서는 자유놀이 시간을 많이 가진 아동이 청소년기에 가족 및 공동체활동, 스포츠에 더 적극적으로 참여했으며 20대에도 정직처분이나 체포당하는 비율이 더 적은 것으로 나타났다. 이 연구는 1998년 예방의학 학회지에 실렸다. 또한 심리학자들은 아이들을 위험에 노출시키지 않을 경우 불안 및 공포장애 증가로 이어질 수 있다고 말한다. 노르웨이 학계 연구에서는 나무를 기어오른 경험이 없는 아이들이 고소공포증에 걸릴 가능성이 더 높은 것으로 나타났다. 정형화된 활동과 컴퓨터게임이 주를 이루는 오늘날, 아동이 자유롭게 놀게 하는 것은 신체·인지적 역량과 창의성, 자아존중감 향상에 핵심적인 역할을 한다.

템플대학교의 케슬린 파섹 교수는 "우리는 아동이 스스로의 한계를 시험하면서 신체적 능력에 자신감을 갖게 해주는 자유공간을 충분히 확보하지 않고 있다"고 지적하면서 "아동을 지나치게 보호할 경우 건전한 수준의 위험도 감수하지 못하게 된다"고 경고하고 있다.

아동은 작은 다침을 통해 큰 사고를 피하는 방법을 배우게 되고, 다양한 놀이 체험과 학습 기회를 접함으로써 풍부한 인성을 형성할 수 있게 된다. 그러한 의미에서 아동을 위한 환경(도시 및 건축환경)은 과도하게 안전성을 중시하기보다는 아동의 관점에서 가능한 한 폐쇄적이거나 장벽을 만들지 않고 개방되도록 하여 아동이 안전하게 자유로운 행동과 활동을 할 수 있는 생활환경으로 만들어야 한다.

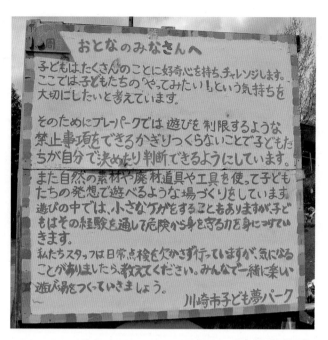

18 문구 중 "놀이 중에 작은 상처를 입는 경우도 있지만, 아이들은 이러한 경험을 통해 위험에서 자신의 신체를 지키는 힘을 익힐 수 있다"고 적혀 있다. 이처럼 아동의 놀이 공간은 정형화되고 획일적인 놀이기구로 안전한 활동이 이루어지는 것이 아니며 보다 창의적인 활동이 다양하게 전개되는 도전의 장이라 할 수 있다. 따라서 이곳에 존재하는 위험은 보다 큰 개념의 안전을 담보하는 아동 스스로 습득해야 하는 도전이라고 할 수 있다.

자동 회전문 안전 사고 사례

● 2004년 3월 4일 독일 쾰른 본 국제공항에서 1년 8개월 된 남자아이가 자동 회전문에 끼여 숨지는 사고가 발생하였다. 사고를 당한 아이는 어머니, 형과 함께 2000년 9월에 완성한 제2터미널에 견학을 왔다가 자동 회전문과 바깥쪽 유리틀 사이의 틈(4cm)에 끼여 가까이에 있던 사람이 소화기로 유리를 깨고 구출하였으나 2시간 후에 사망하였다. 그 이후 공항당국은 자동 회전문을 모두 철거하고, 반원형의 슬라이드식 도어로 교체하였다.

● 2004년 3월 26일 도쿄 중심부의 롯본기힐즈의 모리타워빌딩에서 만 6세 된 남자아이가 자동 회전문에 끼여 사망한 사고가 발생하였다. 사고 당일 오전 11시 30분경 모리타워 2층 정면 출입구에서 어머니와 함께 온 남자아이가 전동식 자동 회전문에 머리가 끼여 어머니가 구출한 뒤 병원으로 옮겼으나 이미 의식을 잃은 상태로 약 2시간 후 사망하였다. 이 자동 회전문에는 지상 80cm부터 천장까지 물체를 감지할 수 있도록 감지 센서가 설치되어 있었으나 경찰이 인형을 이용해 실시한 현장조사에서는 지상에서 130cm까지 물체가 끼여도 감지하지 못해 117cm인 6세 남자아이를 감지하지 못할 정도로 센서의 감지 범위가 축소되어 있었고, 빌딩 측에서 제조업체에 과잉감지로 인한 오작동을 줄이기 위해 센서의 감지범위를 축소해 달라고 요청한 의혹이 있는 것으로 드러났다. 사고 후 국토교통성과 경제산업성은 '재발방지를 위한 가이드라인(지침)'을 만들기로 결정하였고, 제조업체들은 자사제품에 대한 긴급점검을 실시하고 있으며, 지자체와 자동 회전문이 설치된 건물 등에서 사용중지 등의 조치를 취하였다.

● 2014년 1월 서울의 한 쇼핑몰 회전문에 2세 유아가 팔이 끼어 팔이 부러지는 사고가 발생하였다. 2012년 3월에는 광주의 모 은행에서 8세 남자아이의 오른쪽 발목이 끼였다. 119구조대는 30여 분만에 유리창 압착기 등을 이용해 회전문 틀과 대형유리 등을 안전하게 제거하고 나서야 구조하였다. 회전문의 틈은 3~5cm에 불과하지만, 어린이 안전 사고는 예상치 못한 곳에서 빈번하게 발생하고 있다.

4. 바람직한 관계를 촉진하는 환경

아동은 다양한 연령, 다양한 사람들과의 만남과 관계 속에서 사회성을 발달시키게 된다. 특히 아동은 주거환경 속에서 중요한 정서적인 경험을 하며 이러한 경험은 성인기의 인격형성에 지대한 영향을 미친다. 즉 아동기에 어떤 환경에서 누구와 생활하느냐에 따라 아동의 인생이 결정된다고 할 수 있다. 그러나 핵가족화, 저출산화, 정보화 등의 사회적 변화로 인해 아동은 다른 사람과의 관계 맺기와 상황에 따른 자신의 역할에 대해 경험하거나 학습할 기회를 잃어가면서 점점 자기중심적 성향이 강해지고 사회로부터 고립되고 있다. 이러한 상황에서 아동이 건강하게 성장하기 위해서는 다른 사람과 적절한 관계를 형성할 수 있도록 다양한 기회를 제공해야 한다. 일상생활에서 아동과 가족이 접촉하고 함께 즐겁게 생활하면서 식견을 넓히고 가족 간의 유대감을 돈독하게 하는 한편, 이웃 및 지역과 만나고 관계를 형성할 수 있는 기회를 제공하여 아동이 사회성을 발달시킬 수 있도록 생활환경이 조성되어야 한다. 아동이 또래 친구들을 자연스럽게 만나고 즐거운 놀이를 하면서 서서히 동료의 관계를 형성할 수 있는 환경, 성인과의 관계를 통해 사회적인 경험을 쌓을 수 있는 환경이 되어야 한다. 또한 오늘날 아동을 양육하는 가족들은 이전과는 달리 양육에 대한 경험과 정보가 부족하여 아동을 키우는 데 많은 어려움과 스트레스를 겪고 있으므로, 이들을 위해 아동을 키우는 과정에서 필요한 도움이나 정보 등을 쉽게 얻을 수 있는 환경으로 지역사회를 계획해야 한다.

1) 아동과 가족의 적절한 관계를 도모하는 환경

아동은 가족과 지역에 의해서 성장한다. 그러나 현대사회의 아동은 가족과 함께 즐겁게 시간을 보낼 수 있는 공간들이 주택이나 도시 안에서 많이 줄어들고 있다. 오늘날의 주택들은 가족 구성원 개개인의 독립된 생활을 강조하면서 개인 공간이 발달한 반면, 가족들이 모여 함께 지낼 수 있는 공간이 축소되고 이로 인해 가족 구성원 간의 관계가 차단되는 현상이 나타나고 있다. 그리고 도시의 많은 시설들은 아동과 함께 가족들이 이용하기에 매우 불편하게 되어 있다.

◀거실, 식사실, 부엌이 서로 연결되어 있다. 특히 아일랜드형 부엌은 아이가 어디에 있더라도 볼 수 있고 이야기할 수 있다.

식사실 및 거실 가까이에 아▶ 동실을 두어 가족 간의 상호교류를 촉진한다.

19 주거 내에 있는 가족과 함께 교류할 수 있는 공간은 가족의 유대감을 키우는 중요한 요소이다.

주거는 아동과 가족 모두가 즐겁게 보내는 공간이며 시간을 공유하는 장소이므로, 가족 구성원 간의 관계를 회복할 수 있도록 세심하게 배려해야 할 것이다. 그리고 아동을 위한 시설의 경우 부모가 활동에 참여하거나 지원할 수 있도록 공간을 계획하는 것이 바람직하다. 부모가 활동할 수 있는 공간을 둠으로써 부모들 간의 상호교류를 촉진할 수 있다.

또한, 지역사회 내 공공 공간들은 아동과 가족이 함께 이용할 수 있는 공간으로 조성되어야 하는데, 이러한 공간들은 안전하고, 건전해야 하며, 아동의 성장에 유해하지 않아야 한다.

2) 이웃과 자연스러운 관계를 형성하는 환경

가족이 모이지 않는 집, 이웃에 사는 사람의 얼굴도 모르는 지역사회에서 아동의 건강한 성장은 기대하기 어렵다. 주거는 아동과 아동, 아동과 성인이 일상적으로 다양한 관계를 형성할 수 있어야 한다. 지역사회의 환경이 넓은 보도와 광장뿐만 아니라 골목이 있는 변화가 풍부한 마을 경관, 낮은 울타리로 둘러싸인 안마당, 테라스, 처마, 회랑, 계단, 벤치, 잔디 광장, 나무 그늘 등과 같이 기분 좋게 다닐 수 있고 놀고 머무를 수 있는 여러 형태의 공간이 마련되어 있다면 이곳에서 아동은 다양한 연령대의 아동이나 성인 등 다른 사람과 자연스럽게 관계를 형성할 수 있게 될 것이다. 그리고 어린 아동과 부모를 위한 육아지원센터, 학령기 아동을 위한 청소년클럽 등과 같이 여러 사람들을 만나서 교류할 수 있는 공간이나 시설들을 제공하는 것이 바람직하다.

20 다양한 연령대의 아이들이 교류할 수 있는 기회는 적절한 환경에 의해 조장될 수 있다. 왼쪽(네덜란드 암스테르담)은 집합주택 앞 공원과 차량통제를 통해 아이들이 놀이를 촉진하는 행태를 지원하고 있으며, 오른쪽(독일 보봉)은 저층부 상가를 중심으로 다양한 연령대의 교류가 촉진되도록 지원하고 있다.

5. 문화의 지속성과 아동문화를 조장하는 환경

아동도 자신들만의 독자적인 문화를 가지고 있다. 아동들의 문화는 형성 과정에 따라 크게 두 가지로 나눌 수 있다. 아동끼리의 놀이와 사회적 활동을 통해 생성되는 것, 그리고 이미 형성된 문화를 어른들과 지역사회를 통해 전승받아 생성되는 것이다. 그러나 이 두 가지 유형의 문화를 분리하여 이야기 할 수는 없다. 두 가지 유형의 문화는 복합적인 과정으로 형성되어 전승·변화하고 있기 때문이다.

아동이 건강하게 잘 자라기 위해서는 아동이 가지고 있는 문화의 독자성을 존중해야 한다. 그러나 우리의 아동문화는 성인중심의 사회구조로 인해 지금껏 제대로 인식되지 못했으며 이들을 통한 문화계승이나 발전 등도 고민하지 않은 것이 현실이다. 심지어 아동스럽다는 이유로 경시되기도 했다. 이로 인해 우리의 집, 지역, 도시 등은 아동의 문화가 담기지 못한 채 성인의 가치관에 의해 형성되고 평가되었다.

아동을 위한 환경을 조성하기 위해서는 아동문화나 아동다움을 존중하는 건축·도시문화가 형성되어야 한다. 아동의 고유한 문화는 시대적으로 계승되어 왔으며, 지역문화에 따라 각기 다른 형태로 발전되어 왔다. 아동을 위한 환경은 새로운 도시를 만들어 아동에게 제공하는 것에 있기보다는 이전부터 이어온 건축·도시공간을 아동이 성장하는 생활문화환경으로서 가능한 한 보존하여 아동문화를 계

21 아이들은 공원이나 놀이터에 설치된 성인용 운동기구를 타고 놀거나, 광장의 바닥분수에서 신나게 물놀이를 하며 즐거운 시간을 보낸다.

승·발전시키는 터전이 되게 하는 것이다.

1) 아동의 또래집단 형성을 지원하는 환경

아동은 연령에 상관없이 여러 연령대가 모여 함께 노는 과정에서 아동문화는 자연스럽게 전승되고, 이러한 활동을 통해 각자의 사회성이 발달하게 된다. 특히 저출산 사회에서 형제자매가 없는 아동들은 또래집단과의 놀이를 통해서 다양한 역할에 대한 이해를 키우고 아동문화를 익히는 기회를 가질 수 있어, 아동의 또래집단 활동은 아동의 균형있는 발달에 매우 중요한 역할을 한다. 이러한 아동의 또래집단 활동을 촉진하기 위해 동료 만들기에 적절한 생활환경 계획, 전통과 현대가 조화된 아동 놀이문화의 계승·발전을 위한 정보, 기술의 제공 등 다양한 지원책이 마련되어야 한다.

22 아동은 또래들과 모여 함께 놀면서 사회관계와 역할 등을 익히는 기회를 가지게 된다.

2) 아동문화의 계승 · 발전을 위한 거점

조부모, 부모, 자녀로 이어지는 사회의 지속성을 담보하기 위해서는 전통적인 문화의 재발견과 계승, 그리고 새로운 아동문화의 창조를 위한 활동과 정보가 되는 거점을 정비할 필요가 있다. 아동문화의 거점은 새로운 시설과 장소를 마련하는 것도 필요하지만, 기존의 공간과 시설들을 재정비하여 활성화하거나 네트워크화하는 것도 중요하다. 이는 공간과 시설에 담긴 역사와 문화를 통한 가족 간의, 지역 사회의 이해와 소통을 도모하는 매우 중요한 수단이 된다.

23 사회문화의 지속성과 계승을 위해 부모세대가 경험한 놀이를 현대의 아이들이 공유할 수 있는 기회를 제공하는 것이 매우 중요하다.

자료 : Pieter Brueghel the Elder(1560). Children's Games(위키미디어)

24 지역 사회 광장에서 보여주는 16C 유럽지역의 아동놀이는 매우 다양한 모습을 표현해 보여주고 있다. 철봉에 매달리는 아이들, 어른들과 말타기, 가마타기, 난간에 매달려 게임하기, 굴렁쇠 돌리기 등 매우 다양한 놀이를 통해 그 지역사회 아동놀이 문화의 전통이 나타나고 있다.

3) 지역사회에 대한 이해와 자긍심 부여

아동이 살고 있는 지역의 역사적인 사실과 전통적인 유적을 가까이에서 접할 수 있는 기회를 제공함으로써 지역사회의 이해를 높이고 아동의 정체감 형성에 기여할 수 있다. 지역사회의 이해는 이웃과의 공동체의식을 길러주며 지역주민으로서의 자긍심을 갖게 한다. 문화의 지속성은 단기간에 습득되는 것이 아니므로 아동이 생활하는 환경 가까이에서 역사적이고 전통적인 요소가 반영된 장소를 쉽게 접하고 자주 이용할 수 있는 환경을 계획하는 것이 중요하다.

25 지역사회에서의 공동체 활동은 아동이 성장하는 지역에 대한 애착과 자긍심을 형성하는 데 있어 매우 중요한 역할을 담당한다. 왼쪽은 스페인 바르셀로나의 지역 행사이고, 오른쪽은 프랑스 스트라스부르 마을연주단의 공연 모습이다.

26 지역의 전통양식의 건축물이나 활동 등을 자주, 그리고 쉽게 접할 수 있는 환경은 아동들의 지역문화에 대한 자긍심 향상을 지원한다.

5

아동 환경의 현황

세계에서 가장 빠른 속도로 늙어가고 있는 나라, 가장 먼저 인구 감소로 지구상에서 사라지게 될 나라, 대한민국.[*] 이것이 대한민국의 가깝고도 먼 미래이다. 혹자는 좁은 땅에 사람이 너무 많아 경쟁도 심하고 에너지 소비도 많은, 그 자체가 문제이니 아동의 탄생과 성장은 그리 중요하지 않다고 이야기하기도 한다. 그러나 이러한 인식은 매우 위험한 것이다. 사람이 자원인 나라에서 미래사회를 책임질 아동이 태어나지 않고 그 아동이 건강하게 성장하지 못한다면 대한민국의 미래는 없는 것이다.

최근 우리 경제를 근원적으로 좌우하는 에너지 자원의 문제도 오래전부터 예상되고 표면화되어온 문제였음에도 불구하고 이러저러한 핑계로 일찍부터 준비하지 못하다가 지금에 와서야 당연히 감당해야 하는 문제가 된 것이다. 하지만 이 에너지 문제는 전 세계의 문제로 조금 늦긴 했지만 지금부터라도 준비를 한다면 그리

---

* 데이비드 콜먼(옥스퍼드 인구문제연구소)은 2006년 터키 인구포럼에서 '코리아 신드롬(Korea syndrome)'이라는 신조어를 만들어내며, 저출산 고령화로 인한 인구 소멸 1호 국가로 한국을 지명하였다. 유엔미래포럼은 2035년 대한민국 인구가 남자 2만 명, 여자 3만 명 정도일 것으로 예측하고 있다(자료: 데일리안, 2008. 4. 27).

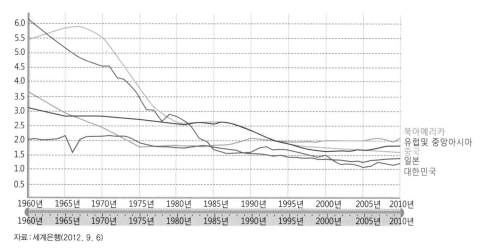

자료 : 세계은행(2012. 9. 6)

1 한국을 비롯한 여러 나라의 출산율 비교

늦은 편은 아니고 또 이미 준비를 위한 움직임도 본격화되고 있다.

하지만 심각한 저출산 문제는 전 세계의 문제가 아닌 우리의 문제이다. 많은 나라의 고령화율이 우리처럼 가파르게 높아지지 않는 이유는 그 나라의 사람들이 늙지 않아서가 아니라 아동이 태어나고 성장하고 있기 때문이다. 또 그 아동이 건강하게 성장하여 그 나라의 미래를 책임지고 또 그들이 자녀를 낳아 또 다른 미래를 꿈꾸기 때문이다. 하지만 우리 사회는 고령화 현상을 노인문제 차원에서만 수습하기에 급급해 고령화 현상을 악화시킬 수도 또는 완화시킬 수도 있는 저출산과 아동 차원에서의 해결책을 놓치고 있는 안타까운 현실이다.

미래사회에 대한 대비는 항상 가깝게는 10~20년, 멀게는 30~50년의 구상을 가지고 준비해야 한다. 지금 아동은 아동비만, 체력 저하, 범죄, 따돌림 등 다양한 문제에 직면하고 있다. 이것들은 가정, 학교, 지역이라고 하는 사회적 요인뿐만 아니라 물리적인 환경으로서의 주거·건축·도시환경과도 깊게 관련되어 있다고 할 수 있다. 주거·건축·도시환경이 미래를 담당하는 세대의 성장환경으로 바람직하게 조성되어 있는지 검토하고 계획에 반영되어야 한다. 즉 건축·도시환경도 아동을 압박하고 고립시켜 심신의 활동을 잃게 하고 있지는 않은지 생각해 볼 일이다. 또한 국제사회에 공헌할 수 있는 넓은 시야와 행동력을 가진 창조적인 인간을 육성할 수 있는 양질의 환경이 되고 있는지 되짚어 보아야 할 것이다.

아동을 위한 성장환경으로서의 주거·건축·도시환경은 어떻게 만들어져야 하는
지 아동을 포함한 다양한 사람의 관점에서 함께 점검하고 재구축할 필요가 있다.

1. 행복하지도 안전하지도 못한 우리나라의 아동들

우리나라의 아동은 다른 나라의 아동에 비해 행복하지 못한 것으로 나타나고
있다. 어린이-청소년의 행복은 이들이 성인이 되는 시기의 전체 사회구성원의 행
복감을 예측하는 것과도 밀접하게 연결되어 있다. 어린 시절의 행복감이 성인이
된 후 개개인의 전체적인 행복감에 영향을 주는 것으로 보고하고 있다(Yang,
2008). 그러나 아동의 행복은 성인으로 커가는 과정의 문제일 뿐만 아니라 그 자
체로서도 중요한 의미를 가지고 있다는 것에 주목하고 있다.

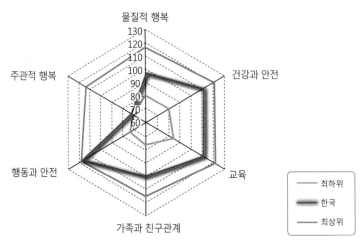

자료 : 한국방정환재단(2010). 한국 어린이-청소년 행복지수의 구축과 국제비교연구조사 결과보고서.

2 OECD 국가별 비교를 통해서 본 한국 아동 · 청소년의 행복지수   2010년 한국방
정환재단이 주관하여 초등학교 4학년부터 고등학교 3학년까지 5,437명을 대상으로
실시한 조사결과를 OECD 국가들과 비교한 결과, 한국의 어린이-청소년이 느끼는
주관적 행복 정도는 매우 낮은 것으로 나타났다.

[노트 3]　행복지수 영역과 구성요소

행복지수의 각 하부영역에 직간접적인 영향을 주는 물리적 환경은 행복감과 안전, 관계, 행동 등을 적절히 지원하고 상호작용하면서 영향을 주는 환경으로 중요한 역할을 한다.

'물질적 행복'은 아동들이 가정과 이웃에게로부터 그들의 안녕감과 발전에 있어 큰 영향을 받는다는 조건을 반영하고 있다. 특히 경제적 생활이 많은 영역에서 아동들의 안녕감과 성인기 행복감에 영향을 주기에 용이한 요소이다.

'보건과 안전', '주관적 안녕감'은 아동들의 개인 자력을 반영하는 것으로 그들이 직접 자신의 행복감 및 안녕감을 구성하는 것을 설명할 수 있는 영역들이다.

아동들에게 있어 가장 큰 요소로 작용할 수 있는 학교를 포함하는 '교육'은 현재의 행복감 및 안녕감을 비롯하여 미래를 결정할 수 있는 것으로 아동들이 직면하는 교육 체계의 장단점을 알 수 있는 요소이다.

'가족과 친구관계'는 사람 대 사람의 상호작용의 측면에 근거한 것으로 가족은 행복감 그 자체에 전반적으로 영향을 미치고 친구는 개인이 성장과 더불어 가족과의 별개의 방향에서 행복감에 대한 영향을 받는 것을 설명해 준다.

마지막으로 '건강 관련 행동'은 주변 상황과의 상호관계성을 나타내 줌과 동시에 개인의 자원(resource)과 취약성(vulnerability)을 보여 줄 수 있다(UNICEF, 2006).

표 1　UNICEF 산하기관 INNOCENTI의 행복지수 영역 및 구성요소

영역	구성요소
물질적 행복 (Material Well-Being)	• 상대적 빈곤 • 미취업 가정 • 결핍
보건과 안전 (Health and Safety)	• 영아 건강 • 예방접종 • 사고사
교육(Education)	• 학업 성취 • 교육 참여 • 학업 열망
가족과 친구관계 (Peer and Family Relationship)	• 가족구조 • 부모관계 • 친구관계
주관적 안녕감 (Subjective Well-Being)	• 건강 • 학교생활 • 개인 행복
건강 관련 행동 (Behaviour and Risk)	• 건강행동 • 위험행동 • 폭력 경험

자료 : 통계청. 「사망원인통계」 각년도.

3 아동·청소년의 사망원인

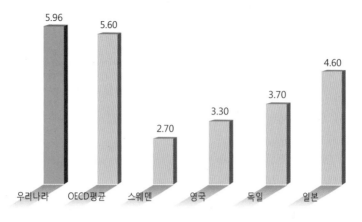

4 OECD 국가의 어린이 10만 명당 안전사고 사망률(우리나라 2008년, 나머지 2005년 기준)

　　우리의 아동·청소년은 안전하지 못한 환경으로 인해 여러 가지 위협을 받고 있
으며 사망에까지 이르고 있다. 아동의 사망원인 중 1위는 14세 이하 어린이는 안전
사고, 15~19세의 청소년은 자살로 나타나고 있다. OECD 국가의 아동 10만 명당
안전사고 비율을 비교해보면 한국이 미국보다는 나은 편이지만 대부분의 나라보
다는 위험한 것으로 나타나고 있다. 그런데 아동의 안전사고가 가장 많이 일어나
는 곳이 바로 가정이다. 이는 아동이 성인에 비해 가정 내에 머무르는 시간이 긴
탓도 있지만, 집이 가장 안전하다고 믿는 많은 가정의 안이함이 그 원인이 되고 있
다. 따라서 안전하지 못한 주택이라는 인식과 함께 안전하지 못한 장소 및 요소들
을 찾아내고 이를 개선하려는 노력이 반드시 필요하다.

　　아동의 신체 및 정신건강은 건강한 성인으로 성장하는 데 매우 중요한데 아동

표 2 연도별 어린이 안전사고 현황

(단위 : 건, %)

구분	2008년	2009년	2010년	2011년 8월 말
위해 발생건수	9,421	11,427	15,006	12,982
증가율	–	+21.3	+31.3	+34.5 (전년 동기 대비)

자료 : 한국소비자원(2011). 어린이 안전사고 위해정보 분석.

의 건강과 관련하여 최근 아동·청소년의 비만이 많이 대두된다. 비만은 외모의 문제가 아니며 비만과 연관된 신체질환이나 정신적 문제로, 성장하는 아동·청소년의 건강을 위협하는 원인이다. 특히 아동과 청소년 비만은 성인비만으로 이행할 가능성이 많고 대사증후군, 심혈관질환, 위장질환, 폐질환, 골관절질환, 인슐린 저항성 등의 합병증으로 성인기 건강에도 영향을 미친다. 또한 아동·청소년 비만의 예방과 치료에는 개인, 가족, 지역사회, 정책 등 다각적으로 접근해야 한다. 환경이 식생활과 신체활동에 직간접적으로 영향을 미치므로 지역사회에서 건강하고 활동적인 생활을 할 수 있도록 안전하고 접근성이 좋은 환경으로 조성해야 한다.

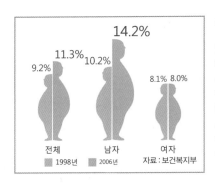

5 소아·청소년(2~18세) 비만율 추이
1998년과 2007~2009년의 국민건강영양조사 자료를 분석한 결과, 2~18세의 소아·청소년 비만이 저소득층을 중심으로 크게 증가하는 것으로 분석됐다. 소아·청소년 비만 증가의 주요 원인인 영양불균형 문제가 저소득층에서도 심각하게 나타나고 있다. 저소득층 소아·청소년 비만 증가의 주요 원인으로는 영양 불균형이 꼽혔다. 이같은 변화는 지방 함량이 높은 값싼 고열량 저영양식(패스트 푸드) 때문인 것으로 추정된다.

자료: 세계일보, 2011. 10. 12.

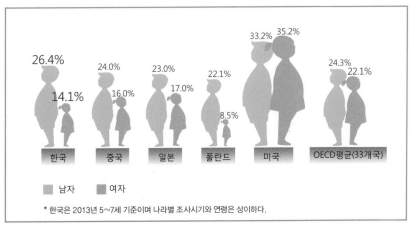

자료: OECD 건강보고서 〈Health at a glance 2015〉

6 OECD 주요국 아동·청소년 과체중, 비만율 추이

2. 현대사회 아동의 생활환경

지난 반세기동안 도시환경은 성인 중심의 생활환경으로 개편되면서 아동의 놀이 공간이 축소되었고, 대신 이 놀이 공간은 외부가 아닌 내부로 옮겨졌다. 또 몸을 움직이는 신체놀이보다 전자 미디어를 이용한 놀이 시간이 증가하였다. 아동의 생활시간은 학습시간에 맞춰 조정되고 늦은 시간까지 연장되고 있다. 이로 인해 아동의 체력 및 운동량은 저하되고, 친구관계를 형성하여 함께 노는 방법을 모르면서 사회성 발달이 위축되는 아동이 늘고 있다.

이러한 아동의 생활 변화는 주거환경의 변화와 무관하지 않다. 핵가족화는 아동을 키워본 경험이 없는 젊은 부모가 혼자서 아동을 양육해야 하고, 핵가족을 위한 주택이 대량 공급되던 주택시장은 이웃과의 소통보다는 프라이버시 존중을 위해 밀폐되고 개별화된 공간을 표준화된 주거형태로 제공되면서 인간관계를 더욱 위축시키고 있다.

1) 공간의 변화 · 도시환경의 변화

도시화 및 주거환경의 변화는 아동에게는 유아기부터 자연스럽게 체험할 수 있는 일상적인 놀이를 접할 기회가 적은 생활환경으로 변하였다.

아동의 놀이 공간은 자연공간이나 개방된 공간 등 다양하지만 대부분 자연스럽게 만남이 이루어져 관계가 형성되는 길에 의해서 연결되어 네트워크화 되어 있다. 그러나 오늘날 성인 중심의 생활환경에서 자동차의 교

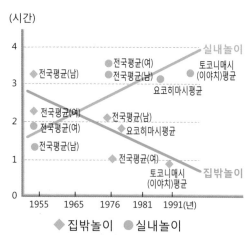

자료:仙田 満(SENDA Mitsuru)(1992). 子どもとあそび―環境建築家の眼.

7 바깥놀이와 실내놀이　일본의 연구에 따르면 시간이 경과할수록 바깥놀이는 급감하고 실내놀이가 급증하고 있음을 보여준다.

통발달로 이루어진 도로는 더 이상 안전하지 못한 공간이 되었고 길에서의 놀이는 모두 금지되면서 아동은 주변 환경에서 자연스럽게 체험할 수 있는 친교와 놀이활동이 일어나는 놀이 공간을 잃어 가고 있다. 즉 집 주변에서 부담 없이 갈 수 있는 친숙한 자연 공간이나 개방된 공간이 더 이상 아동의 놀이 공간이 될 수 없게 되면서 아동의 자연 체험이나 집단 체험, 운동 체험이 점차 줄어들고 있다. 이러한 공간 변화와 더불어 텔레비전, 컴퓨터, 휴대폰, 게임과 같은 미디어의 출현은 아동의 놀이를 외부놀이에서 내부놀이로 전환시키면서 다양한 외부놀이 활동을 체험할 기회를 상실하게 되었다. 외부놀이의 감소로 아동의 신체 활동량이 줄어들면서 운동능력 및 체력 저하를 가져오는 요인이 되고 있다. 그리고 친구 관계를 형성할 수 있는 기회와 그 방법을 터득할 기회조차 잃게 되었다.

8 예전부터 아이들의 놀이는 길이라는 네트워크를 통해 사람들과 얼굴을 맞대고 소통하는 방식으로 진행되기도 한다.

9 최근 아이들의 놀이는 사람이 아닌 기계와 소통하고 있으며 함께하는 놀이보다는 혼자서 즐기는 방식으로 진화하고 있는데, 문제는 이러한 방식을 은연중에 조장하고 있다는 점이다.

2) 방법의 변화 · 정보환경의 변화

아동의 환경은 오감을 활용하여 직접 체험하는 것을 대신하여 미디어를 통한 가상경험이 증가하고 있다. 아동이 전자 미디어와 접촉하는 시간은 점차 길어지는 반면, 유아기·아동기의 동일 연령 및 다른 연령 집단과의 놀이 체험 감소, 아동의 놀이 문화의 전승 기회 상실, 신체 감각을 수반하는 체험의 결핍을 초래하고 있다.

3) 시간의 변화 · 생활양식의 변화

가족의 생활양식이 변함에 따라 아동의 생활시간도 변화하고 있다. 유아기부터의 조기학습활동 증가, 아동 · 청소년기의 학원 통원율의 증가 등에 의해 야간형 생활습관이 형성되고 있다. 그리고 생활양식이 공부 혹은 미디어 접촉을 중심으로 형성되고 시간대별로 다른 활동들이 짜여 있어 아동이 자유롭게 또래와 모여 노는 시간이 없어지고 있다.

4) 인적 환경의 변화

베이비부머의 자녀세대가 에코세대라 불리는 새로운 부모세대로 출현하게 됨으로써 부모 및 양육인이 변화하고 있다. 이들의 특성은 핵가족 형태의 생활 경험을 가지고 있으며, 형제자매가 없거나 한두 명 밖에 없어 직간접적인 양육 관련 경험과 지식이 전혀 없어 자녀양육에 대한 불안이 높다. 그리고 경제적 지원에 대한 부모 의존도가 높은 것이 특징이다. 이로 인해 때로는 학대로까지 이어지는 경우도 나타나고 있다.

한편, 아동은 서로 다른 연령 집단과 관계를 형성하고 그 안에서 함께 자라면서 많은 것을 배우게 된다. 다른 연령과의 놀이를 통해 형 혹은 동생의 역할에 대해서 스스로 터득하게 되고 나아가 어리거나 약한 아동을 배려하는 방법 또한 자연스럽게 익히게 되는 것이다.

그러나 최근 핵가족화와 자녀 수의 감소로 아동의 놀이나 생활 범위가 작아지

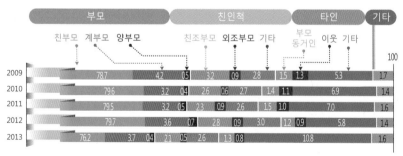

자료 : 보건복지부 · 중앙아동보호전문기관, '전국아동학대현황보고서' 각년도.

10 아동학대 행위자와 피해 아동의 관계   피해 아동을 학대한 행위자는 '친부모'가 76.2%로 가장 많고, '타인'이 12.9%이다.

고 같은 연령을 중심으로 집단화하고 있다. 이에 따라 부모들은 서로의 자녀들을 비교하게 되고 아동들 역시 경쟁으로 내몰리고 있는 것이다. 결국 놀이보다는 학습이, 배려나 양보보다는 경쟁과 쟁취가 더 중요해지는 악순환의 고리를 만든 것이다.

또, 다른 연령대와의 놀이를 통해 습득해야 하는 연령별 역할과 서로에 대한 배려를 습득할 기회를 전혀 갖지 못하고 있으며, 더 큰 아동을 통한 놀이와 문화의 전승 또한 불가능해지고 있다.

5) 커뮤니티 환경의 변화

부모 모두 취업하는 경우가 늘고 있고 직장에서의 업무시간 또한 증가하면서 아동이 장시간 보육 서비스를 이용하게 되면서 부모와 자녀가 함께 할 수 있는 시간이 점점 줄어들고 있다. 자녀양육에 불편을 느끼는 부모에 대한 지원이 최근 행정기관이나 단체 등에서 이루어지고 있지만 아직은 충분하지 못하고, 또 그 지원은 유아기로 한정되어 있다.

최근 지역에서 성인에 의한 아동 대상 범죄도 증가하고 있다. 아동이 안전하고 건강하게 놀고, 마음 놓고 거주하기 위한 장소인 지역사회 환경이 아동을 오히려 위험에 노출시키고 있다. 사회나 지역사회 구성원들이 함께 아동을 소중하게 여기고 아동을 안전하게 보살피며 키워갈 생각이 없어진 것이다. 결국 이런 모든 것들이 아동의 다양한 체험의 기회를 빼앗고 아동의 생활환경의 질을 악화시키고 있는 원인이 되고 있다.

또한 이러한 여러 문제와 그 배경이 되는 아동 생활환경의 변화에 모두 개별적 정책으로 대응하고 있어 충분한 성과가 나타나지 않고 있다. 따라서 체계적이고 예방적·장기적 관점에서 살펴보는 것이 필요하다.

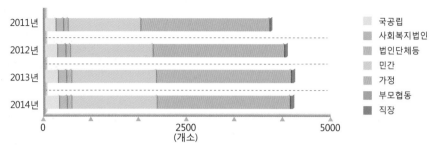

자료:「보육통계」(국가승인통계 제15407호, 어린이집 및 이용자 통계)

11 어린이집 수

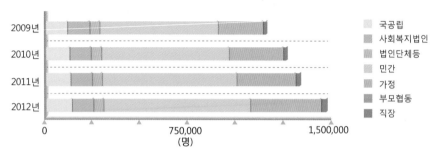

자료:「보육통계」(국가승인통계 제15407호, 어린이집 및 이용자 통계)

12 보육아동 수

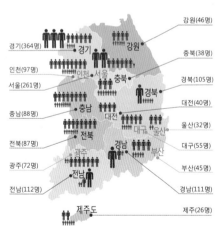

자료 : '아동 성범죄, 예외는 없다! 당신의 아이는 안전합니까?', 우먼센스, 2012. 10.

13 아동·청소년 대상 성범죄자가 가장 많은 지역   아동을 대상으로 하는 성범죄는 대부분 아동이 거주하는 지역에서 평범한 이웃에 의해 발생하는 것으로 나타났다(총 1,679명, 2012년 9월 7일 기준).

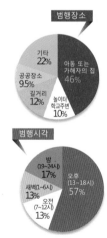

자료 : 보건복지부(2008). 청소년 대상 성범죄 발생 추세와 동향 분석 중 13세 미만 아동의 경우.

14 성범죄 사건이 일어나는 장소와 시간   빈곤 가정의 나홀로 아동은 범죄에 노출될 위험이 높은데, 특히 아동 대상 성범죄는 방과 후 오후 3~4시, 홀로 집에 머무는 아동이 표적이 되었다.

3. 아동 양육기 가족의 스트레스

아동을 위한 환경은 아동에 대한 이해뿐 아니라 아동을 둘러싸고 있는 가정의 환경과 가족에 대한 이해가 우선되어야 한다. 아동은 가족 구성원의 일부로서 가족과 가족이 함께 생활하는 공간환경과 상호작용하면서 영향을 주고받게 된다.

아동을 위한 환경은 주거지 내부와 외부 환경의 통합적인 관계와 흐름을 파악하면서 계획을 수립해야 한다. 예를 들면 아동을 위한 공간으로 아동실만을 국한하여 디자인 계획을 세워서는 안 된다. 예컨대 아동은 아동실뿐만 아니라 주택 전체 공간에서 활동하고 생활하며 주택을 함께 사용하는 가족은 물론 주택을 방문하는 사람, 주거지에서 만나는 다양한 사람들과 관계하며 교류하고 생활한다. 따라서 아동이 건강하게 성장할 수 있는 주거환경은 아동뿐 아니라 아동과 함께 생활하는 가족, 나아가 이웃 모두가 함께 생활하는 환경으로 인식해야 한다.

1) 아동의 주양육자, 여성의 스트레스

가족구조 및 여성의 사회진출에 의한 저출산 현상이 심각해짐에 따라 자녀 양육에 관한 압력이 자녀의 부모, 특히 여성에게 가해지고 있다. 즉 저출산으로 인해 한 자녀시대를 맞이하면서 예전보다 자녀 양육에 대한 관심이 증대한 반면, 여성의 사회진출 또한 증가하면서 자녀 양육에 대한 부담이 가중되고 있다.

2015년 출산통계에 따르면 우리나라의 출산율은 1.24명으로 일본의 1.42명, 미국의 1.86명 등 OECD 국가 중 최저수준으로 2003년 이후 세계에서 가장 낮은 출산율을 기록하고 있다.

그리고 여성의 사회진출 증가로 인한 맞벌이부부의 자녀 양육과 가사에 대한 부담이 가중되고 있다. 여성 경제활동인구는 2016년 현재 52.5%(통계청, 2016)로 2000년 48.7%, 2008년 50%로 증가하고 있는 추세이다. 특히, 20대 여성의 경제활동 인구가 64.7%에서 30대에 60.7%로 줄다가 40대 67.3%로 증가하는 것을 보면 아이를 낳고 기르는 30대의 여성들이 자녀 양육으로 인해 직장을 그만두는 것으로 해석해볼 수 있다.

합계 출산율
(가임여성 1 명당 명)

자료 : 통계청. 2013년 출생통계(확정), 국가승인통계 제10103호 출생통계. ▨ 출생아(만명) ─●─ 합계 출산율

15 우리나라 합계 출산율 변화 추이

　또한 아동을 양육하는 것은 어머니의 책임이라는 암묵적 메시지가 처음으로 자녀를 양육하는 젊은 어머니에게 큰 강박 관념을 주고 있다. 출산 직후부터 자녀를 돌보는 모든 일이 어머니에게 맡겨져 자녀를 얻은 기쁨을 누릴 시간조차 없다. 더욱이 자녀를 돌보는 일이 매일 반복되는 일상으로 자리하면서 어머니는 점점 사회로부터 분리되고 낙오되어 가고 있다고 느끼면서 스트레스가 높아지고 이러한 영향은 그대로 아동에게 전달된다. 그로 인해 아동의 생활 환경에까지 영향을 주게 된다. 다시 말해 양육과 관련된 스트레스가 어머니에게 우울장애를 불러일으키게 되고, 어머니의 우울장애가 자녀에게 부정적 영향을 미치게 된다.

　여성의 양육스트레스 대처방식은 양육형태에 따라 달라지는데 네 가지 유형의 양육스트레스 대처방식 중 한 가지 방식보다 복합적인 방식으로 대처하는 여성의 자녀에게서 긍정적 반응이 강하게 나타난다. 특히 긍정적인 부분이 복합되었을 경우에 아동의 긍정적 반응이 더 두드러지게 표출되었으며, 부정적인 부분이 복합되는 경우에는 낙담반응이 높게 나타난다. 즉, 양육의 주체자인 어머니의 양육스트레스 대처방식에 따라 아동의 정서표현 형태가 결정되는 것으로 볼 수 있다.

　최근 양육에 대한 새로운 가치관과 기존의 가치관이 서로 혼재되어 있는 가운데 물질적인 풍요로움으로 인해 일상 생활환경이 급격히 변화하면서 양육기 여성의 스트레스가 높아지고 있으며 아동을 둘러싼 환경을 크게 악화시키고 있다. 마쓰모토는 '양육기 주환경의 환경심리학적 연구'를 통해 아동 양육기 여성이 놓여 있

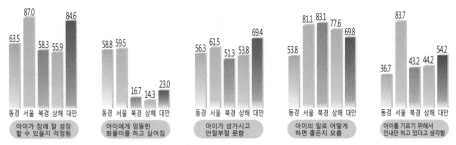

자료 : 일본 베네세 차세대육성연구소. 유아의 생활 앙케트 · 동아시아 5개 도시 조사(2010).

16 여성의 자녀양육에 대한 부정적 감정

는 물리적·주관적 주환경은 여성의 양육태도를 좌우하고, 나아가 아동의 발달에도 영향을 끼치고 있다고 한다.

일본의 베네세(BENESSE) 차세대육성연구소가 2010년 도쿄·서울·북경·상하이·타이페이의 동아시아 5개 도시를 대상으로 아동의 생활과 양육에 관한 조사에서 여성이 양육의 기쁨을 느끼는 긍정적인 감정은 70~90%로 5개 도시 모두에서 높았다. 반면, 양육에 대한 불안과 스트레스도 가지고 있는 것으로 나타났는데, 특히 서울에서 전반적으로 육아 불안과 스트레스가 높은 것을 볼 수 있다. 서울 지역에 거주하는 여성들의 경우 '아이에게 엉뚱한 화풀이를 하고 싶어짐'이나 '아이가 성가시고 안절부절못함' 등 잠재적인 학대를 의미하는 항목이 다른 도시에 비해 높게 나타났다. 그리고 '아이를 기르기 위해서 인내만 하고 있다고 생각함'도 월등히 높게 나타나고 있다.

한편, 자녀를 둔 취업 여성의 경우 자녀양육과 일을 양립해야 하는 부담감과 갈등 등으로 인해 많은 스트레스를 받게 된다. 취업 여성이 증가하면서 자녀양육과 가사에 대한 책임을 배우자와 분담하는 경우가 점점 많아지고 있다.

2009년 맞벌이부부의 자녀 돌보기 분담 정도를 보면, '밥먹고 옷입히기', '아플 때 돌봐주기', '숙제나 공부 돌봐주기'의 경우 절반 이상의 가정에서 여성이 주로 담당하고 있는 것으로 나타났다. 그리고 '자녀와 함께 놀아주기'와 '아플 때 돌봐주기'는 각각 32.1%, 28.1%로 부부 공동의 비율이 높기는 하나, 남성이 자녀를 적극적으로 돌보는 비중은 1.6~7.4%에 그치고 있었다.

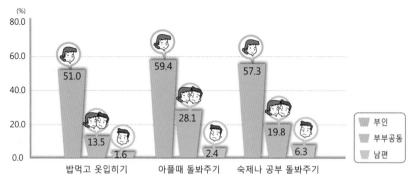

자료 : 통계청(2010. 5). 사회조사 등을 통해 바라본 우리나라 부부의 자화상.

17 맞벌이부부의 자녀 돌보기 분담 정도

표 3 맞벌이 부부의 자녀 돌보기 분담 정도(2009)

(단위 : %)

구분	계	부인[1]	부부 공동	남편[1]	다른 사람 도움	자녀 스스로
밥 먹고 옷 입히는 것	100.0	**51.0**	13.5	1.6	7.2	26.7
함께 놀아주기	100.0	33.7	32.1	7.4	8.2	18.5
아플 때 돌봐주기	100.0	**59.4**	28.1	2.4	6.7	3.3
숙제나 공부 돌봐주기	100.0	**57.3**	19.8	6.3	5.9	10.7
유치원, 학교 등 등하교	100.0	44.5	17.7	5.0	7.3	25.5

자료 : 보건복지부 · 한국보건사회연구원. 「2009년도 전국 결혼 및 출산동향조사」.
주 : 1) '전적으로' 하거나 '대체로' 하는 비율을 합한 수치임.

　또한 여가생활시간은 맞벌이가구 여성의 경우 3시간 28분으로 비맞벌이가구 여성(남편만 취업)의 5시간 16분보다 1시간 48분이 적은 반면, 맞벌이가구 남편은 4시간 8분으로 비맞벌이가구 남성(남편만 취업)과 차이가 없는 것으로 나타났다.

　한편 우리와 같이 저출산 사회를 경험하고 있는 일본의 경우, 일본 '주생활종합연구소(住生活総合研究所)'가 실시한 '가족생활시간'에 대한 조사에 따르면 출산 후 여성의 가사 및 자녀 양육 시간이 크게 늘고 있으며 이를 경감하기 위한 가사의 합리화 및 남편과 부모의 도움이 요구되는 것으로 나타났다. 그리고 신일철도시개발(新日鉄都市開発)의 '워킹마마 지원프로젝트(ワーキング・ママ支援プロジェクト)'의 연구 결과에 따르면 자녀를 양육하는 여성의 가사부담은 전업주부, 맞벌이 주부 모

표 4 맞벌이와 외벌이 부부의 시간 활용(2014)

단위(시간 : 분)

구분	맞벌이 가구			비맞벌이 가구					
				남편만 취업			아내만 취업		
	전체	남편	아내	전체	남편	아내	전체	남편	아내
필수생활시간	10:55	10:59	10:51	11:07	11:04	11:10	11:18	11:44	10:57
수면	7:42	7:45	7:38	7:50	7:44	7:57	7:57	8:20	7:40
식사 및 간식	1:59	2:03	1:55	2:04	2:07	2:01	2:01	2:06	1:57
기타 개인유지[1]	1:14	1:11	1:18	1:12	1:13	1:11	1:19	1:18	1:20
의무생활시간	9:17	8:53	9:42	8:14	8:47	7:35	6:49	3:23	9:26
일(수입노동)	5:33	6:11	4:52	3:07	5:52	0:05	3:05	0:20	5:11
가사노동[2]	1:55	0:41	3:13	3:16	0:46	6:00	2:13	1:39	2:39
학습	0:02	0:02	0:02	0:06	0:03	0:09	0:06	0:11	0:02
이동	1:47	1:59	1:35	1:45	2:06	1:21	1:25	1:13	1:34
여가생활시간	3:49	4:08	3:28	4:41	4:08	5:16	5:53	8:54	3:37
교제	0:34	0:32	0:37	0:42	0:34	0:51	0:38	0:42	0:36
미디어 이용	1:56	2:10	1:40	2:24	2:08	2:41	3:11	5:05	1:45
실시간 방송(TV)	1:40	1:50	1:28	2:01	1:46	2:18	2:47	4:20	1:35
종교 · 문화 · 스포츠	0:35	0:37	0:32	0:48	0:39	0:56	1:07	1:52	0:35
스포츠 및 레포츠	0:24	0:29	0:18	0:32	0:30	0:34	0:52	1:33	0:21
기타 여가활동[3]	0:23	0:30	0:16	0:27	0:30	0:24	0:32	0:51	0:19

자료 : 통계청(2015). 2014년 생활시간 결과 보도자료.
주 : 맞벌이 부부는 혼인상태가 유배우자인 가구주(또는 배우자) 중에서 부부가 모두 취업자인 경우이며, 외벌이 부부는 한 사람만 취업자인 경우임.
　1) 개인 건강관리, 개인위생, 외모관리 등
　2) 가정관리, 가족 및 가구원 돌보기
　3) 집단게임 · 놀이, 컴퓨터 · 모바일게임, 개인 취미활동, 유흥 등

두 큰 것으로 조사되었고, 특히 육아기 주부의 가사부담 경감을 위한 시스템과 그에 따른 주거평면의 개발이 필요한 것으로 나타났다.

이처럼 양육과 가사에 대한 책임을 함께 담당하는 여성의 부담을 줄여주는 다양한 환경에 대한 고민이 요구된다.

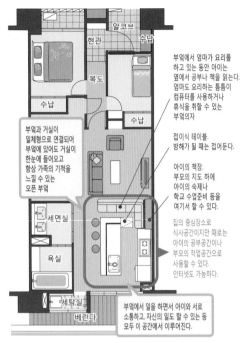

부엌에서 엄마가 요리를 하고 있는 동안 아이는 옆에서 공부나 책을 읽는다. 엄마도 요리하는 틈틈이 컴퓨터를 사용하거나 휴식을 취할 수 있는 부엌의자

접이식 테이블. 방해가 될 때는 접어둔다.

아이의 책장. 부모의 지도 하에 아이의 숙제나 학교 수업준비 등을 여기서 할 수 있다.

집의 중심장소로 식사공간이지만 때로는 아이의 공부공간이나 부모의 작업공간으로 사용할 수 있다. 인터넷도 가능하다.

부엌과 거실이 일체형으로 연결되어 부엌에 있어도 거실이 한눈에 들어오고 항상 가족의 기척을 느낄 수 있는 오픈 부엌

부엌에서 일을 하면서 아이와 서로 소통하고, 자신의 일도 할 수 있는 등 모두 이 공간에서 이루어진다.

▲ 부엌 관련 아이디어 상을 받은 평면: 넓은 아일랜드형의 싱크대와 식사공간을 연결하고 간편 혹은 안락하게 식사를 할 수 있는 공간으로 마감하여 주부의 가사시간이 아동의 생활시간과 관계를 가지도록 계획.

엄마의 시간을 만드는 집

가족이 함께 일할 수 있는 넓은 부엌은 일상의 작업뿐 아니라 아이를 먹이고 가르치는 것까지 자연스럽게 이루어진다. 개방형 부엌이어서 자녀공간에서 거실까지 한눈에 볼 수 있다. 부엌은 집의 관제탑과 같은 장소로, 요리 중에도 가족 간의 대화를 즐길 수 있다. 많은 물건을 수납할 수 있는 대형 팬트리와 인접하고 있다.

여유롭게 수납가능한 '대형 팬트리' 여유있는 수납으로 부엌은 항상 깨끗!

가족끼리 모여 대화할 수 있는 시간을 만드는 "오픈부엌 카운터"

가족 모두가 가사에 참여할 수 있는 넓은 부엌

가족이 함께 요리하고 싶나요? (초등학생) 약90% '하고싶다'

▲ 거실 관련 아이디어 상을 받은 평면: 가족의 가사 도움활동과 이를 통한 가족 간의 대화가 이어지도록 오픈부엌 시스템의 평면을 제안. 또한 넉넉한 수납으로 맞벌이 주부의 생활양식을 지원하도록 계획.

18 신일철도시개발(新日鉄都市開発)의 '워킹마마 지원 프로젝트(ワーキング・ママ支援プロジェクト)' 중 부엌과 거실 관련 아이디어 수상작(2009)

2) 아동을 양육하는 가족에게 적합한 환경

이시이는 주거환경(생활환경)을 계획할 때 반드시 사람, 공간, 시간을 생각해야 하며, 주거환경의 중심인물이 누구인지 고려해야 하는데, 이는 그 사람의 생활주기(라이프사이클)에 따라서 주거환경에 대한 의존성이나 요구가 다르게 나타나기 때문이라고 밝히고 있다(아키야마(秋山), 1988). 특히 아동이 있는 가족의 생활주기에서 나타나는 주거환경에 대한 요구는 다른 생활주기와는 크게 다르며, 아동이 안전하고 건강하게 성장할 수 있으려면 아동을 양육하는 가족들의 환경에 대한 요구를 기반으로 양질의 환경을 조성하여 제공하는 것이다.

특히 아동을 키우기 쉬운 환경으로 계획하여 양육기 가족의 스트레스를 경감하

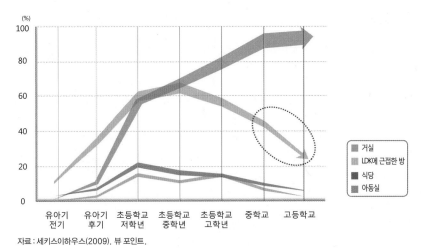

자료 : 세키스이하우스(2009). 뷰 포인트.

19 취학아동 연령별 공부하는 장소　　초등학교 저학년 아동은 거실에서 공부하는 경우가 많
지만 학년이 올라갈수록 아동실에서 공부하는 경우가 많아진다. 이것은 거실에서 공부하지 않
게 되는 것이 아니라 공부하는 장소가 거실, 아동실 등 여러 곳으로 복수화 되는 것을 의미한다.

고 동시에 건강하게 아동이 성장할 수 있도록 해야 한다. 그리고 교통시설(역, 정류
장)에 대한 쉬운 접근, 안전한 보행환경(교통면에서의 안전성), 치안 등 주변 환경(지
역사회)의 양육 지원체제 또한 양육 태도에 영향을 미치고 있으므로 도시계획이나
근린환경을 정비할 때도 아동을 양육하기 쉬운 환경을 기본으로 해야 한다.

　　연구에 따르면 열악한 주거는 부모에게 심리적 우울을 줄 수 있으며 부모의 인
내 수준을 낮추고 아동과 부모 간의 갈등을 높일 수 있다는 점에서 간접적으로
아동에게 부정적인 영향을 미치게 된다(Evans, 2006; Saegart, 2003).

　　또한 주거의 형태 역시 가족에게 영향을 미치고 있다. 두발과 부스(Duvall &
Booth)는 자녀를 둔 여성을 대상으로 조사를 실시한 결과, 공간의 문제, 프라이버
시의 결여, 주거의 구조상의 규모 문제, 수면을 방해하는 소음이 정신적인 건강 상
태에 영향을 미치는 것으로 보고하고 있다(Duvall & Booth, 1978). 그리고 리치맨
(Richman)은 3세 이하의 어린 자녀를 기르고 있는 여성을 대상으로 조사를 실시
하여 억울함이나 고독감은 단독주택 거주자보다 집합주택 거주자가 높게 나타나
는 것으로 보고하고 있다(Richman, 1974). 오우사카(逢坂, 1991)는 도쿄도 내에 거
주하는 자녀를 둔 여성을 대상으로 생활환경과 건강상태와의 관계에 관한 조사를

실시하여 목조주택보다 철근·철골 주택에 거주하고 있는 여성이 신경증적 경향이 강하고, 또 이 경향은 거주하고 있는 층이 높아질수록 강해지는 것으로 보고하고 있다.

한편 육아에 있어서 아버지의 역할이 부각되고 있다. '스칸디 대디(Scandi Daddy)'의 육아법은 아버지가 아이와 함께 많은 시간을 보내며 정서적 교감을 나눈다는 게 이 교육 방식의 요점이다. 이는 부모가 각자의 자리에서 제 역할을 수

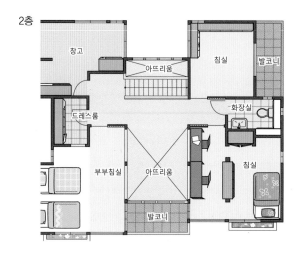

20 머리가 좋은 아이가 크는 주택의 평면도 머리가 좋은 아이가 자라는 주택은 가족 구성원 간의 커뮤니케이션이 원활하게 이루어지도록 구성하는 것이 매우 중요하다.

자료 : 로얄하우스(2009). www.royal-house.co.jp/atamanoyoiko/arrangement/index.html

행할 때 형성되는 아이의 균형 있는 정서는 인생의 성공 인자로 작용하고, 아이의 긴 인생을 놓고 보면 큰 유산을 물려주는 것보다 훨씬 더 값진 선물이라는 것이다.

최근 우리와 같이 심각한 저출산 현상에 직면한 일본에서는 아동이 건강하게 성장하고 아동을 잘 키울 수 있는 환경에 대해서 다각도의 연구들을 진행하고 있다. 또한 이 연구결과들을 바탕으로 아동을 양육하고 있는 가족을 실제적으로 지원하기 위해 다양한 프로그램을 실시하고 있으며 특히 가족을 지원하는 주거환경 만들기에 노력하고 있다. 그 결과 여성들의 가사부담을 줄이고 나아가 가족의 육아부담을 경감은 물론, 아동의 바람직한 성장의 토대가 되는 정서적 발달을 지원하는 주거평면 등을 개발하여 보급 중에 있다.

아동과 주거에 대한 연구를 토대로 아이를 키우기 좋은 집을 소개하고 있는 각종 연구소 및 주택업체에서는 머리가 좋은 아이를 위해서는 공부방인 아동실의 디자인보다는 배움의 장소로 주거 전반에 걸친 세심한 배려를 주장하고 있다. 이는 아동의 생활을 관찰해 본 결과, 대부분의 아동이 많은 시간을 거실이나 부모 가까운 곳에 체류하기를 원하고 있으며, 이를 통해 정서적인 교감과 배움을 얻고 있기 때문이라고 한다.

이처럼 부모와의 교감과 대화, 놀이 등이 아동의 지적 발달에 도움을 준 것으로 나타나고 있다.* 따라서 아동이 성장하고 아동을 양육하는 환경은 가족 관계를 양호하게 유지하고 스트레스를 경감시킬 수 있도록 유연함을 가지고 디자인되어야 한다.

---

* Winchip, Inman, and Dunn, 1989

아동 환경의 국외 사례

고령화 사회의 한 원인으로 저출산이 문제가 되면서 고령화 현상을 경험하고 있는 선진국에서는 아동 환경에 대해서도 오래전부터 관심을 기울이고 있다. 이 장에서는 아동 환경을 다루고 있는 각종 단체 및 기관 등의 국내외 사례를 살펴보고자 한다.

1. 아동인권조약

아동의 인권문제를 다루는 유니세프에서는 아동의 인권존중과 건강한 성장을 위해 아동을 위한 도시환경에 대해서도 관심을 보이고 있다.

아동의 인권조약은 1989년 11월 20일 유엔총회에서 채택된 국제적인 인권조약으로 아동 인권과 관련된 권리를 규정해 놓고 있다. 아동을 단순한 보호의 대상이 아닌 권리의 주체로 인식하였다는 점에서 새로운 지평을 열었다. 유엔의 아동권리

1 유니세프한국위원회가 발간한 《그림으로 보는 아동권리협약》 표지

협약은 우리나라를 포함한 193개국의 비준을 받음으로써 전 세계적으로 가장 많은 국가의 비준을 받은 국제법이 되었다.

아동권리협약을 비준한 나라는 생존, 발달, 유해한 것으로부터의 보호, 학대받고 착취당하지 않음, 참여, 문화적·사회적 삶에 대한 권리 등 협약에 명시된 모든 아동의 권리를 보장할 의무를 지고 있으며 협약의 이행상황을 비준한 2년 후부터 매 5년마다 유엔아동권리위원회에 보고해야 한다. 이러한 아동인권에 대한 인식 및 존중은 아동을 위한 좋은 환경을 창출하는 기본적인 시점이 되는 것으로, 아동의 참여와 의사 표현 등은 주거 및 지역, 나아가 도시환경을 만드는 기초가 된다.

2. 유니세프 아동친화도시

유니세프 '아동친화도시(Child Friendly Cities; CFC)'사업은 1996년에 개최된 제2회 유엔 인간 거주 위원회(United Nations Commission on Human Settlements; HABITAT)에서 제창되어 발족했다. 해비타트(HABITAT)에서는 "모든 사람은 자신

[노트 4] 아동의 권리에 관한 국제협약(1989)

4-3-1 모델 아동권리협약을 말할 때 '4-3-1'원칙이 흔히 통용된다. 아동에게는 4가지 기본권이 있으며 이러한 권리를 수호하는 3가지 원칙이 있고, 그 과정은 1가지라는 것이 '4-3-1' 원칙이다.

● 아동의 4가지 기본권

1. 생존권(Servival Right)

   적절한 생활수준을 누릴 권리, 안전한 주거지에서 살아갈 권리, 충분한 영양을 섭취하고 기본적인 보건서비스를 받을 권리 등 기본적인 삶을 누리는 데 필요한 권리이다.

2. 보호권(Protection Right)

   모든 형태의 학대와 방임, 차별, 폭력, 고문, 징집, 부당한 형사 처벌, 과도한 노동, 약물과 성폭력 등 아동에게 유해한 것으로부터 보호 받을 권리이다.

3. 발달권(Development Right)

   잠재능력을 최대한 발휘하는 데 필요한 권리로, 교육받을 권리, 여가를 즐길 권리, 문화생활을 하고 정보를 얻을 권리, 생각과 양심과 종교의 자유를 누릴 권리이다.

4. 참여권(Participation Right)

   자신의 나라와 지역사회 활동에 적극적으로 참가할 수 있는 권리로 자신의 의견을 표현하고, 자신의 삶에 영향을 주는 문제들에 대해 발언권을 지니며, 단체에 가입하거나 평화적인 집회에 참여할 수 있는 권리이다.

● 3원칙

1. 아동의 정의

   아동권리협약에서의 아동이란 '18세 미만의 모든 사람'이다.

2. 비차별의 원칙

   성별, 종교, 사회적 신분, 인종, 국적, 그 어떤 조건과 환경에서도 아동은 차별되어서는 안 된다는 기본 원칙이다.

3. 아동 최선의 이익 원칙

   공공 또는 민간, 사회복지기관, 법원, 행정당국 또는 입법기관이 실시하는 모든 아동에 관한 활동에 있어서 그 무엇보다 '아동'의 이익이 최우선으로 고려되어야 한다.

● 과정

아동권리실현은 모두의 책임이다.

자료 : 유니세프 아동친화도시 홈페이지(http://childfriendlycities.kr)

2 유니세프 '아동친화도시' 사업의 로고

이 사는 도시의 형성과 발전에 도움이 되는 것, 그리고 도시가 주민에게 제공하는 생활의 질에 개인적 책임을 느끼는 상태를 목표로 해야 한다."라고 선언했다. 이 배경에는 1992년 6월 리오 데 자네이로에서 개최된 유엔 지구환경회의는 지속가능한 개발을 위한 시책을 논의하는 중에 아동의 권리 조약의 추진이 제기되어 '아동친화도시' 사업이 네트워크화된 것이다. 이 사업의 사무국은 유니세프의 이노첸티 리서치 센터(Innocenti Research Center)에 있고, 유럽을 중심으로 세계의 900여 개의 지방자치단체가 참가하고 있다.

'아동친화도시'는 아동의 권리가 온전히 실현되는 도시를 의미한다. 그리고 '아동친화도시'는 아동에게 주어져야 할 환경에 대한 권리를 나타낸 가이드라인이기도 하다. 안전하고 건강한 도시환경을 아동에게 주어져야 하는 기본적 권리로 규정하고 있다. 중요한 것은 아동을 '성숙하지 않은 어른이 되지 못한 이전의 존재'로 정의하는 것이 아니라, 어른과 동등한 인격체임을 전제하고 있다는 점이다. 이처럼 모든 분야에서 아동을 하나의 인격체로서 파악하는 것이 당연하지만, 도시나 마을 만들기에 아동의 참여 실태는 여전히 미흡하다. 이러한 점을 반영하여 유엔 주도하에 아동에 의한 국제회의가 1년에 한 번 개최되는데 아동 스스로 중요한 도시공간에 대한 이야기를 나눌 수 있는 기회가 제공되고 있다. 또한 아동친화도시는 아동뿐만 아니라 모든 사람들이 살기 좋은 도시를 추구하는 사업이라는 것이 매우 중요하다.

아동친화도시의 정의와 시스템 및 활동을 위한 기본 사항은 다음 〈표 1〉과 같다.

표 1 아동친화도시의 정의 및 시스템을 위한 기본사항

아동친화 도시의 정의	아동친화도시는 아래의 12가지 권리가 실현되는 도시를 의미한다. 1. 도시에 대해 영향을 미치는 아동의 결정 2. 아동이 원하는 도시에 대한 의견 표현 3. 가족, 지역 사회 및 사회 생활에 참가 4. 의료(보건)와 교육 등 기본적인 서비스를 받기 5. 안전한 물을 마시고 적절한 위생에 대한 접근 권한 6. 착취, 폭력과 학대로부터의 보호 7. 스스로 걸어다닐 수 있는 안전한 거리 8. 친구와 만나고 놀기 9. 식물과 동물을 위한 녹색공간 10. 청정한 환경에서의 삶 11. 문화와 사회적 행사에의 참여 12. 민족, 종교, 소득, 성별 또는 장애에 구애받지 않고 그들 도시의 평등한 시민이 되고, 모든 서비스를 제공받음
아동친화 도시의 시스템 및 활동을 위한 기본사항	1. 아동 참여 : 그들에게 영향을 미치는 문제에 아동의 적극적인 참여를 촉진하는 것, 의사 결정 프로세스에서 아동들의 의견에 귀를 기울여 그것을 고려사항에 포함하는 것 2. 아동 친화적인 법적 프레임 워크 : 모든 아동의 권리를 일관되게 촉진·보호하는 입법·규칙의 기초 및 과정을 확보하는 것 3. 도시 전체가 아동들의 권리를 전략화 : 아동을 배려하는 마을 만들기를 위한 상세하고 포괄적인 전략, 혹은 과제에 대한 문서를 조약에 의거하여 책정하는 것 4. 아동의 권리를 다루는 부서 또는 조정의 구조 : 아동의 시점이 우선적으로 고려되도록 영구적인 체제를 지방자치단체의 조직 속에서 발전시켜 가는 것 5. 사전·사후의 아동영향평가 : 법률·정책·실행이 아동들에게 주는 영향을, 사전, 실시 중에 사후에 평가하기 위한 제도적 프로세스를 확보하는 것 6. 아동 예산 : 아동을 위한 충분한 자원 배분과 예산을 확보하는 것 7. 정기적인 지자체 발행의 아동백서 : 아동 및 아동의 권리의 상황에 관한 충분한 모니터링과 데이터를 수집하여 확보하는 것 8. 아동 권리의 주지 : 어른 및 아동 사이에 아동의 권리에 관한 의식이 정착되도록 하는 것 9. 아동을 위한 독립 옹호 : 아동의 권리를 촉진하기 위해 비정부 조직을 지원하고 독립적인 인권기구*의 설치를 진행시키는 것 * 아동들의 행정감찰관(ombuds people) 또는 아동들이 아동의 권리를 증진하기 위한 위원회

3. 캐나다 브리티시 컬럼비아 주 아동·청소년 친화 커뮤니티

캐나다 브리티시 컬럼비아(British Columbia) 주의 NPO 단체인 아동·청소년협회는 '아동·청소년(이하 아동)에게 좋은 커뮤니티'에 대한 진단 및 평가 활동을 진행하고 있으며, 아동의 관점에서 지역사회를 진단·평가하기 위하여 체크리스트를 작성하였다. 이 체크리스트는 주택을 비롯하여 주택 주변, 공원·공터, 가족지원서비스, 보육·유아 교육, 학교, 주택 부근의 안전, 경찰, 교통기관, 여가·지역사회 서비스, 조직화된 스포츠와 신체를 사용하는 여가, 예술·문화 활동, 의료·보건 서비스, 복지·법률상담 서비스, 지역의 상점, 일을 하는 장소, 지방자치단체, 미디어 등의 분야를 다루고 있다.

예를 들면 '주택이 아동에게 친화적이라고 하는 것은 무엇인가?'라는 점에 대한 체크리스트에는 가족 공용의 거실을 집안 중심에 두는 것, 아동의 성장에 따라 공간을 재배치할 수 있는 것, 밖으로 쉽게 놀러 나갈 수 있는 것, 옥외에 안전하고 사적인 놀이 공간이 있는 것, 집합주택에서는 커뮤니티 공간을 자유롭게 사용할 수 있는 것, 아동의 일반적인 놀이나 여가 활동을 제한하지 않는 임대 또는 매매 계약이 있는 것, 주택평의회에 청소년도 적극적으로 참가할 수 있는 것 등을 포함하고 있다.

3 브리티시 컬럼비아의 아동 · 청소년 친화 커뮤니티의 홈페이지와 《아동 · 청소년에게 좋은 커뮤니티》 표지

표 2 '아동·청소년에게 좋은 커뮤니티(SCY) BC'의 커뮤니티 진단항목 예시

▶ **집에서 가까운 장소가 아동에게 친화적이라는 것은 무엇인가?**

- 아동들이 친구와 각종 놀이나 신체를 사용한 놀이를 할 수 있는 유연한 환경
- 놀기 쉬운 자연이 있고 자연 소재로 만들어져 있는 것(수목, 물, 수변)
- 잘 관리되고 정기적으로 안전성에 대한 검사가 이루어지는 아동의 놀이터가 있는 것
- 아동이 안전하면서 눈치 보지 않고 비정식 스포츠(예 : 노상의 하키 등)가 발생하는 장소가 있는 것
- 아동을 자동차 교통으로부터 안전하게 보호하도록 개발하는 방법안
- 아동을 편하게 받아들이는 공동의 장소에서 놀 수 있게 계획된 집합주택
- 옥외 공동의 광장에서 놀고 있는 자녀의 모습을 부모가 자신의 집 주요 공간의 창을 통해 지켜볼 수 있는 주택 디자인
- 아동이 떠들썩하게 놀 수 있는 장소가 있는 것
- 아동, 부모 등, 여러 연령층의 사람들이 모여 있을 수 있는 공용의 장소
- 아동이 학교나 공원 등, 자주 가는 장소로 연결되는 길이 알기 쉽고, 밝으며 조명이 갖춰져 있어 안전한 것
- 아동을 노리는 범죄자를 방지하는 방안이 마련되어 있는 것(예 : 매춘 행위를 통한 성범죄, 마약 권유나 마약 매매 등)

▶ **공원과 공터가 커뮤니티의 아동에게 친화적이라는 것은 무엇인가?**

- 공원이나 공터 같은 녹지, 개발되지 않은 자연스러운 장소 등이 있는 것
- 공원이 학교의 근처에 있고, 학교와 연계하여 사용할 수 있게 되어 있는 것
- 공원에서 댄스나 뮤직 페스티벌과 같은 아동을 대상으로 하는 옥외의 여름 이벤트가 열리는 것
- 커뮤니티·정원(garden)에서 아동이 꽃이나 야채를 심고 길러 수확할 수 있는 것
- 공원이나 공터에서 아동이 나무 타기하거나 모험 놀이를 할 수 있는 것
- 공원이나 공터에서 아동이 건축 자재를 사용해 무언가를 만들거나 할 수 있는 것
- 특히 청소년 대상의 공원(예를 들면 스케이트 보드를 탈 수 있는 공원)이 있는 것
- 공원 디자인에 청소년이나 부모를 참가시키는 방안이 있는 것
- 공원에서의 행사에서 청소년이 리더십을 발휘할 기회가 있는 것
- 방과 후나 학교의 휴일에도 놀이 지도 교사(플레이 리더와 같은 스탭)가 있는 것
- 행정의 공원과(課)가 정기적으로 안전 점검을 실시하는 시스템을 갖추고 있는 것

▶ **근린의 안전 관리와 치안 유지에 관해서 커뮤니티가 아동에게 친화적이라는 것은 무엇인가?**

- 지역 전체에 빠짐없이 배려가 되어 있는 것
- 안전한 통학(예 : 통학로, 어른이 인솔하는 도보 통학단 등)
- 아동이 구애받지 않고 안전하게 모일 수 있는 공공의 장소
- 범죄나 보안 문제를 아동이 배우고, 자유롭게 서로 이야기할 수 있는 포럼의 개최
- 괴롭힘이나 학대 등, 학교나 커뮤니티에서 일어날 수 있는 폭력 사건을 방지하는 프로그램의 개최
- 학교나 커뮤니티에서 알콜 중독, 약물 중독에의 예방 프로그램 및 음주 운전 방지 프로그램 실시
- 아동을 정중하게 대우하는 경찰
- 모든 학교에서 경찰과의 연계를 포함하여 경찰 관련 문제를 커뮤니티와 학교가 제휴
- 커뮤니티의 치안 문제에 지역의 주민들이 적극적으로 관여(예 : 지킴이 집이나 도보나 자전거로의 순회 패트롤)
- 청소년과 경찰과의 적극적인 교류 기회를 커뮤니티가 마련
- 아동과 관련된 지역의 자원봉사 그룹에게 범죄 기록을 자유롭게 체크할 수 있도록 함
- 아동의 안전을 강화하여 범죄를 줄이는 방안에 대해서 지역의 기업으로부터 지원받음

자료 : Making Your Community More Child and Youth Friendly Toolkit for Getting Started

4. 네덜란드 호우튼

    네덜란드의 위트레흐트에서 남쪽으로 9km 떨어진 곳에 위치한, 세계 최고의 친환경 도시인 호우튼(Houten, 면적 819km)은 안전하고 조용하며 환경친화적인 주거지역을 조성하려는 국가의 정책에 따라 자전거 중심의 교통설계 기준으로 조성되었다. 호우튼의 자전거도로는 총 129km에 이르며 2008년 네덜란드의 올해 자전거 도시로 선정되었다. 이는 아동의 안전을 도모하는 다른 지역과 도시가 준수해야 할 모범을 보여준다. 호우튼은 1960년대 위트레흐트 인근의 살기 좋은 주거지역으로 새롭게 계획되면서 인구 4,000명의 작은 도시에서 2010년 인구 47,952명, 11,486호의 주거를 가진 도시로 성장하고 있다.

    아동친화도시로서 호우튼은 몇 가지 공간적 특징을 가지고 있다.

1) 자전거도로를 자동차도로보다 우선하는 도시계획

    첫 번째는 앞서 이야기 한 것처럼 자전거도로를 자동차도로보다 우선하는 도시계획이다. 네덜란드는 1935년부터 차와 분리된 자전거도로를 만들기 시작했으며, 1976년부터 자전거와 보행자의 안전 도모가 교통시설 조성을 위한 전략이 되었다. 호우튼은 처음부터 이러한 정책에 따라 자전거 친화도시로 계획되었고 이를 실현하기 위한 지침이 제시되었다. 그 결과 2002년의 연구에 따르면, 조사대상 약 7.5km 연장의 시내 도로의 교통량 중, 자전거가 34%, 자동차 28%, 대중교통 11%, 도보 27%를 차지하는 것으로 조사되었다.

> **호우튼의 자전거 친화도시 계획 지침**
> - 자전거도로를 우선적으로 계획함
> - 자동차 교통을 위해서 도시를 분리·구획함
> - 주거의 전면이 자전거도로와 접하고, 후면에 주차장을 배치(어두워진 후의 안전 도모)함
> - 학교, 쇼핑, 공공기관 등을 주요 자전거도로 노선과 접하도록 건축함
> - 자전거와 다른 교통 기관이 만나는 지점은 다양한 레벨에 의한 교차로를 계획함

▲ 자전거도로와 자동차도로는 바닥재와 색을 달리하여 쉽게 구분할 수 있다.

▲ 보행자와 자전거를 위한 도로임을 나타내는 바닥 표식

4 자전거 친화도시로 계획된 호우튼의 주거지역은 자전거도로를 중심으로 계획되어 있다.

2) 자동차로는 각 지구를 직접 이동할 수 없는 구조

아동친화도시 호우튼의 두 번째 도시계획 특징은 31개의 독립된 주거지구가 계획되어 있는데, 도시 외곽 순환도로에서 각 지구의 진입로는 1개소밖에 없으며 자동차로는 각 지구를 직접 이동할 수 없는 구조로 되어 있는 점이다. 그리고 주요 거점인 역 주변은 보행자용 도로와 자전거도로만이 있어 일부 택시를 제외한 차량 진입이 전면 금지되어 있다. 또, 주거전용지역의 도로는 똑같은 속도 제한의 규정을 적용받는 자동차와 자전거가 혼용되도록 계획되어 자전거와 자동차 모두를 배려한 도시라 할 수 있다. 이러한 공간계획 및 제도를 통해 호우튼은 교통사고로 인한 사망률 0%를 기록하고 있는 도시이다.

자료 : Fietsroute Fietsstad Houten

5 **호우튼의 지도** 도시의 중앙을 철도가 관통하고 있으나 이를 잘 활용하여 자전거 중심의 친환경 도시를 구현하고 있다. 자동차는 외곽도로로 연결되며 31개 셀로 연결되는 전용출입구로 내부로 진입할 수 있으나 셀 상호 간을 직접 이동할 수 없는 구조로 되어 있다. 또 내부도로에서는 자동차 우선이 아닌 보행자와 같은 권리가 주어진다.

3) 서로 다른 유형으로 조성되어 있는 보행자와 자전거 경로

세 번째 특징은 보행자와 자전거를 위한 경로가 서로 다른 유형으로 조성되어 있는 점이다. 자전거도로는 지구의 중심부에 위치하고 있으며 여기에서 지선이 분기되어 있다. 간선 자전거도로는 그린벨트에 의해서 둘러싸여 있기 때문에 일체화된 공원과 같은 기능을 하고 있다. 이러한 안전한 보행자 공간과 공원과 같은 녹지 공간 네트워크가 아이들을 위한 놀이 공간으로 기능하여 안전한 이동과 창조적인 놀이 환경을 동시에 보증하고 있다.

네덜란드도 저출산이 문제가 되고 있지만, 호우튼에서 아이들의 모습을 많이 볼 수 있는 것은 이러한 놀이터를 비롯한 안전하고 풍부한 일상 공간의 존재가 육아기의 많은 가족들에게 수용되어 그들이 기꺼이 살고 싶어 하는 지역이 되었기 때문일 것이다.

6 호우튼 시는 자전거 길을 따라 아이들의 놀이 공간과 공원 및 자연이 산재하고 있다.

4) 도시를 관통하는 철도

호우튼의 네 번째 도시계획 특징은 철도와의 관계이다. 호우튼 시는 네덜란드의 남북〔남쪽의 겔데르말센(Geldermalsen)과 북쪽의 위트레흐트(Utrecht)를 연결함〕을 오가는 철도가 도시를 관통하고, 도시 중심부에 2개의 역이 위치하고 있다.

7 자전거를 위한 공간 'transferium'(왼쪽)과 보행자와 자전거 안전을 위해 위로 지나가는 철로(오른쪽)

　이 역을 통해 주민은 물론 이곳을 방문하는 대부분의 사람들이 다른 도시로 이동한다. 주민 대부분은 자전거를 이용하여 역까지 이동하며, 역사의 1층에 마련된 자전거 주차장에 자전거를 보관한 후, 철도를 이용하여 다른 도시로 이동하게 계획되어 있다.

　이처럼 종합적이고 시스템화된 모덜 시프트(modal shift)를 실천하는 교통정책의 파생효과로 호우튼 시 전체가 안전하고 쾌적한 놀이터가 되어 아이들로 떠들썩하고 풍부한 자연환경이 있는 살기 좋은 주거지역으로 성장할 수 있었다.

　현대의 도시는 매우 정교하게 설계되어 지역 안의 아주 작은 공간도 활용하는 실용적인 공간으로 계획되어 있다. 그러나 바꿔 생각하면 아이를 매료하는 그늘이나 이들만의 기지인 비밀의 장소를 만들 여지를 잃어 버렸다고도 할 수 있다.

　우리가 아동친화도시의 가치라는 관점에서 아이를 위한 놀이의 공간을 각 지역의 네트워크나 도시의 공간 구성의 목표로 설정하여 계획할 필요성을 심각하게 고려해야 할 것이다. 그리고 대상을 아이로만 한정하지 않고 모든 사람들이 서로 소통하고 교류할 수 있는 기회를 제공하는 장소로서 쾌적하고 개방된 놀이 공간을 조성한다는 시각을 가지는 것이 중요하다.

5. 독일 프라이부르크 보봉

보봉(Vauban)이 위치한 독일 프라이부르크(Freiburg)는 세계적인 보행자 중심 도시다. 독일 남서부 끝에 위치하고 있으며 프랑스, 스위스와 맞닿아 있어 중산층의 은퇴 후 거주지로 각광받고 있는 이 도시는 대중교통과 자전거 중심의 교통정책을 성공적으로 운영하고 있다. 1972년에 이미 도심의 차량 진입을 금지하는 선구적 정책을 폈으며 현재 자전거 교통이 전체 교통량의 30%를 차지하고 자전거 전용도로의 길이가 160km에 이른다. 프라이부르크가 지향하는 '차 없는 도시'의 가장 대표적 사례가 보봉이다.

보봉은 프라이부르크 도심에서 서남쪽으로 약 3km 떨어진 생태마을로 2000년 입주가 시작되었다. 프라이부르크 보봉은 프랑스와 스위스의 접경지역으로, 제1차 세계대전 당시 독일군의 병영이었고, 1992년까지 연합군의 프랑스군 주둔지였던 지역이다. 독일 통일 이후, 프랑스군이 철수하고 38ha의 땅이 독일 연방으로 반환된 후 주택난을 겪고 있던 프라이부르크가 이 땅을 약 2,000만 유로로 매입하여 개발한 것이다.

보봉의 가장 큰 특징은 1995년 프라이부르크 시가 제시한 개발방향안보다 지속가능한 새로운 모델로 지역을 개발하고자 했던 시민들 스스로가 시민자치 모임인 '포럼 보봉'을 출범시킨 것이다. 30여 명의 시민들은 보봉의 설계 계획단계부터 적극적으로 참여하여 교통, 에너지, 주민공동시설, 주거환경 등 주제별 소모임을 만들어 활동하였으며, 전문가를 영입하여 바람직한 주거단지를 위한 프로젝트를 수행하고, 이를 통해 완성된 결과를 시에 제시하였다. 그 결과 시가 당초 계획했던 계획보다 환경을 배려한 주거단지로 탄생하게 되었다.

1) 도로계획

아동친화로 조성된 보봉의 첫 번째 특징은 도로계획이다. 보봉의 도로계획은 마을의 주도로인 보봉로를 중심으로, 보봉을 처음 방문한 사람도 마을 구조를 쉽게 이해할 수 있을 만큼 단순한 패턴으로 이루어져 있다. 보봉로 양쪽으로 조성된 주택가에는 블록마다 'ㄷ'자형 도로가 계획되어, 자동차가 주도로에서 주택가로 진입했다가 다시 주도로로 빠져나올 수 있는 구조로 되어 있다.

또, 주택가 도로에는 진입로마다 아이와 어른 모두가 함께 활동하는 장소임을 알리는 표지판이 설치되어 있다. 공놀이를 하는 어른과 아이의 모습이 파란색 바

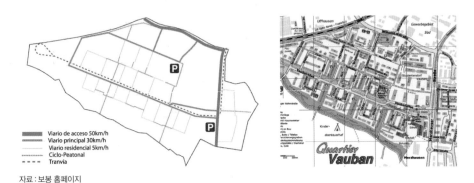

자료 : 보봉 홈페이지

8 보봉의 도로망과 안내도　　보봉의 도로망. 차량과 전차, 보행자와 자전거 통행을 위한 도로가 적절하게 계획되어 있다(왼쪽). 보봉 지구 안내도(오른쪽).

9 평상시에는 자전거, 유모차, 휠체어, 일반 보행자가 통행하고 비상시 자동차 주행이 가능하도록 충분한 폭을 확보하고 있다. 평상시 차량 주행을 금하기 위해 착탈식 볼라드가 설치되어 있다.

탕에 그려져 있는 이 표지판 아래에 '이곳은 주차공간이 없다. 보행 속도로 차를 주행해야 한다. 보행자들은 길을 모두 차지할 수 있다. 길 전체가 아이들 놀이터이다'라는 문구를 적어 표지판의 의미를 전달하고 있다. 즉, 보봉의 모든 주택가 도로는 '놀이도로'라고 불리는 교통 정온화 구간으로, 특별한 용건이 없는 한 원칙적으로 차량 출입을 금지하

10 주거지역 내 도로에 설치된 안내사인. 이 지역은 주차공간이 없고 보행 속도로 차를 주행해야 하며, 보행자는 길 전체를 이용할 수 있어 길이 아이들 놀이터가 될 수 있다.

고 있다. 이처럼 집 앞이 모두 놀이도로인 보봉은 아이들을 안전하게 키우기에 적합한 곳으로, 주민 중 18세 이하가 전체의 30%를 차지한다. 이는 프라이부르크 시에서 가장 비율이 높은 지역이다.

2) 자동차 정책

보봉의 두 번째 특징은 자동차에 대한 정책이다. 보봉은 주민들이 시로부터 땅을 직접 구입하여 자신들이 살 집을 짓는 방식으로 조성된 주택지이다. 그러나 이곳의 주민들은 애초 자기 토지 내에 주차장을 만들지 않는다는 조건으로 땅을 구입할 수 있었다. 그래서 여느 주택지라면 주차장으로 쓰이고 있을 집 앞 공간은 모두 정원으로 꾸며져 있다. 차에 싣고 온 물건을 내리기 위해 잠시 집 앞에 정차할 때 외에는 주택가 도로에 차를 세워둘 수 없다. 일반적으로 주택가 도로라면 주차 공간은 물론 차도와 구분되는 보도를 만들어야 하지만, 이곳에서는 전혀 그럴 필요가 없다. 주민은 정원을 늘릴 수 있고 시는 보도를 관리하는 비용을 줄일 수 있게 된 것이다.

보봉보다 앞서 개발된 리젤펠트(Rieselfeld)라는 주택지는 '차 없는 도시(car-free city)'로 계획되었으나 주민의 지지를 얻지 못하여 실패했다. 그러한 실패에서 얻은 교훈을 살려 보봉에서는 "차를 타지 않아도 쾌적하게 생활할 수 있지만, 타도 괜찮은 거리"라는 보다 유연한 콘셉트를 도입했다.

보봉이 이처럼 주차장 없는 주거지역을 구현할 수 있었던 비결은 무엇보다 다른

지역에 비해 압도적으로 낮은 자동차 보유율에 있다. 보봉 입주자 1,750세대(2006년 기준) 중 차를 갖지 않겠다고 선언한 세대는 450세대로, 3세대 중 1세대꼴이다. 인구 1,000명당 자동차 보유 대수로 전환하면 85대로, 독일 전체 평균 585대, 프라이부르크 시 평균 414대에 비해 현저히 낮다(참고로 우리나라의 경우, 2007년 기준 자동차 보유율은 인구 1,000명당 319대이다). 보봉에서 차를 보유하려면 적지 않은 경제적 부담을 감수해야 한다. 차는 마을 입구 등에 있는 두 곳의 입체주차장에 세워야 하는데, 차 소유주는 1대당 1만 7,500유로인 주차 공간을 구입해야만 한다. 참고로 일반 주택지에서 집 앞 주차공간을 조성하는 데 필요한 비용은 약 8,000유로로, 이 비용의 2배가 넘는 비용을 부담해야 한다.

카 셰어링 제도

자가용이 없는 집에서도 가끔 자동차가 필요할 경우가 있다. 하지만 자가용은 대개 하루의 20시간 이상 주차되어 있기 마련이다. 자동차를 효율적으로 이용하는 방법 중, 소유의 방식 외의 방안을 검토하여 나온 것이 '카 셰어링' 제도다. 1987년 스위스에서 시작되어 1988년 독일에 도입된 이 제도는 이미 독일 전역에 널리 퍼져 있다. 그중에서도 보봉은 이 제도를 가장 활발하게 이용하는 곳으로 이름 높다. 민간회사에서 운영하는 이 제도는 회원들의 가입비와 자동차 이용료로 운영된다. 보봉에 배정된 20대의 자동차들은 간선 도로변의 지정 노상주차장에 항상 세워져 있다. 회원들은 인터넷이나 전화로 자동차 사용을 예약하고 이용번호를 받는다. 자동차 내부의 칩에 이용번호를 입력하면 자동차 키가 나온다. 물론 이용한 다음에는 원래 자리에 세워 놓아야 한다. 보봉에서는 집에서 최대 300m 이내에 자동차들이 주차되어 있어 굳이 자기 자동차를 가질 필요가 없다.

보봉 주민들은 자동차 대신 자전거를 적극 활용한다. 자전거도로가 잘 정비되어 있어 자전거를 타도 15분 정도면 도심에 도착할 수 있기 때문에 차 없이도 원활한 일상생활이 가능하다. 보봉의 자전거 보유율은 주민 1,000명당 858대로, 마을 전체 교통량의 약 50%를 차지하고 있다. 보봉 교통량의 10% 가량을 담당하는 노면전차가 7분 30초 간격으로 운행되고 있으며, 15분에 1대꼴로 운행되는 버스도 유용한 대중교통 수단이다. 또, 주민의 10~15%는 마을 안에 직장이 있기 때문에 평소 도보로 출퇴근을 한다. 카 셰어링 제도도 활성화되어 있어서 저렴한 비용으로 차를 빌려 자가용처럼 쓴다.

11 시내로 연결되는 저상 노면전차가 마을 중앙을 가로질러 다니고 있어 누구나 편리하게 이용할 수 있다(왼쪽). 전차가 다니는 노면도 식생으로 마감하여 생태도시로서 기능할 수 있도록 배려하고 있다(오른쪽).

3) 아동 놀이 공간 및 네트워크 안전성 확보

세 번째는 아동을 위한 자연과 놀이 공간의 확보 및 이를 연결하는 네트워크의 안전성 확보이다. 보봉에는 주거단지 남단의 작은 강과 강기슭의 수목지대, 단지 중앙에 있는 큰 수목들이 개발되지 않고 원형 그대로 보존되었다. 주택지 내부도 마찬가지이다. 또, 폭 30m의 녹색지대가 각기 다른 콘셉트로 5개 장소에 만들어져 있어 아동과 주민을 위한 공원으로 이용하고 있다. 이것도 주민참가에 의한 성과로, 프라이부르크 시가 각 녹색지대에 10만 유로의 자금을 제공하였으며 주민들의 아이디어를 기반으로 디자인되었다. 그리고 각 주택에서 녹색지대로 연결되는 좁은 도로는 주변에 거주하는 주민들이 도로를 아스팔트로 포장하지 않기로 결정함에 따라 자갈로 마감되어 있다. 도로를 아스팔트로 포장하는 주된 이유는 우천 시 노면이 질퍽거려 걷기 힘들어지는 것을 피하기 위해서인데, 보봉의 주민들은 비오는 날에는 바깥에서 노는 아이들이 적다고 생각하고, 도로를 아스팔트가 아닌 자갈로 마감하기로 하였다. 아스팔트 포장 비용을 절감하여 놀이터 정비에 활용하였다.

보봉에는 아동교육기관으로 유치원 4곳, 초등학교 1곳이 있는데, 이는 지역 규모에 비해 그 숫자가 많은 편이다. 또, 어린 자녀를 둔 부모들은 입주 초기부터 협동조합을 만들어 250명 정도의 아이들이 말, 양, 염소, 토끼 등 동물을 직접 기를 수 있는 농장을 운영하고 있다.

12 마을 곳곳에는 아이들을 위한 놀이 공간이 확보되어 있으며 차량이 다니지 않는 주거지 내의 도로는 아이들의 놀이 공간 및 각 공간을 연결하는 안전한 네트워크를 형성하고 있다.

4) 다양한 편의시설

보봉의 네 번째 특징은 다양한 편의시설을 고려한 점이다. 보봉로 및 도로에 접한 주택은 반드시 1층에 상점을 두도록 되어 있어 1층 상당수는 빵 가게나 카페, 책방 등이 있어 주민들은 차로 먼 곳까지 쇼핑하러 나갈 필요가 없다. 주택가의 작은 가게들은 주민들을 위한 휴식의 장소로도 활용되어 지역 교류 및 활성화 거점으로 기능하고 있으며 이러한 장소들을 통해 형성된 지역문화를 아동에게 자연스럽게 전하고 있다.

이처럼 보봉은 주민의 능동적인 참여와 인간과 자연의 공생이라는 공동체 문화를 기반으로 생태와 사회·문화적 측면을 통합한 아동친화도시를 실현하였다. 보봉에서는 아동을 배려한 도시가 미래의 지속가능성을 담보하는 최고의 도시임을 보여준다.

13 1층은 상점 등의 편의시설로 계획되어 있다(왼쪽). 소규모 광장과 그 광장에 면한 카페 등을 배치하여 지역주민들이 가족과 함께 공간 안에 머무를 수 있게 하였다(오른쪽).

PART 3

아동을 위한
주거환경 만들기

아이를 건강하게 성장시키는 일차적인 책임은 부모에게 있지만 아이는 지역
사회 속에서 보호받으며 그 지역사회의 문화를 배우고 익히며 성장하여야
한다. 그러기 위해서는 우리의 주거환경이 아동을 위해 단순한 지식 계승의
장이 아닌 문화를 계승하고 삶을 지속하는 장이 되어야 한다.

If you design places that work well for children, they seem to
work well for everyone else.

Rotterdam : how to build a Child Friendly City

❼ 아동을 위한 집 만들기
❽ 마을과 지역사회 만들기

7

아동을 위한 집 만들기

아동은 가족과 어우러져 생활하는 주거공간이라는 물리적 환경 '집'에서 가족과의 상호작용과 생활이라는 사회·문화적 환경을 경험하고, 이러한 경험을 통해 자연스럽게 자아 및 가치를 형성하게 된다. 그리고 아동기에 접하게 되는 집에서의 다양한 경험들은 성인이 되어서 공간에 대한 환경적 태도와 가치형성으로 이어진다. 따라서 집이라는 환경은 아동이 건강하고 성숙한 사회인으로 성장할 수 있도록 조성되어야 할 것이다.

다음은 아동과 가족들이 건

'한 공간에 있지만 각자의 일에 몰입하고 있는 가족'
장소만 공유하고 있을 뿐 가족이 함께하는 행위가 전혀 이루어지지 않고 있다.

'방에서만 지내는 자녀, 밖에서 궁금해 하는 부모'
공간으로 단절된 자녀와 부모는 각자의 요구에 맞는 적절한 관계가 형성되지 못하고 있다.

1 오늘날의 가족은 일상생활에서 가족이 자연스럽게 만나고 대화하고 함께 생활하면서 적절한 관계를 형성하지 못하고 있으며, 집 또한 개별 공간 중심으로 구성되어 있을 뿐 가족 간의 관계를 형성할 수 있도록 되어 있지 않다.

강하고 안전하며 행복하게 생활할 수 있는 집을 만들기 위해 반드시 고려해야 할 사항들을 정리하였다. 또한 각 공간별 디자인 가이드를 소개하고 있다.

1. 기본 고려사항

아동의 발달 특성과 아동을 양육하는 가족 특성에 적합한 집은 건강하고 쾌적한 환경, 즐겁고 편리한 환경, 안전한 환경, 바람직한 관계를 촉진하는 환경, 문화의 지속성과 아동문화를 조장하는 환경이어야 하며, 이러한 환경을 조성하기 위해서 기본적으로 고려해야 할 사항들은 다음과 같다.

1) 건강하고 쾌적한 환경

아동이 건강하게 성장하는 것은 아동 자신과 가족은 물론, 사회적으로도 매우 중요하다. 아동이 신체적으로 건강하고 나아가 심리적으로 안정감을 가지고 생활할 수 있도록 집을 계획할 때 고려해야 하는 사항도 여러 가지가 있다.

(1) 자연의 특성을 활용한 친환경 주택 선택

지역의 특성을 이용한 계절별 맞춤 자연 환기 및 통풍이 가능한 주택을 선택한다.

(2) 건강한 실내공기 질 확보 및 통풍과 환기 고려

① 아동이 주로 생활하는 공간의 실내공기는 항상 쾌적하게 유지해야 하며 이를 위해 통풍과 환기를 고려한다. 자연 환기 및 통풍을 위해서 개폐가 가능한 창을 설치하도록 한다. 그러나 창의 설치나 환기를 위한 개폐가 여의치 않다면 24시간 환기시스템, 혹은 이를 원활하게 하는 보조설비를 반드시 설치한다.

② 실내마감재, 가구류, 접착제, 도료 등은 실내공기를 악화시키는 화학물질의

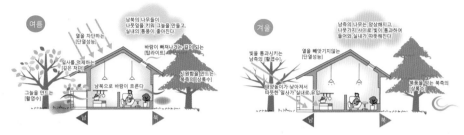

2 계절별로 주변 환경을 적절하게 활용하는 주택은 효율적인 에너지 사용을 유도하면서 거주하는 사람의 건강도 향상시킨다.

함유량과 유독성 기체의 발생 여부를 반드시 확인하고 건강에 좋은 마감재〔F☆☆☆☆ 이상의 기준, 벽지 제품 표준 규격(SV 규격), 천연목재 바닥재, 규조토, 외단열공법 등〕와 화학물질이 적은 재료를 선택한다.

3 건강한 실내공기의 질을 유지하기 위해서는 적절한 환기와 통풍은 물론, 건강한 자재 및 가구를 선택한다.

(3) 적절한 습도 유지

① 아동이 생활하는 공간은 계절에 따라 너무 건조하거나 습하지 않도록 배려하고 이를 위해 벽과 천장의 조습(調濕:습기가 조절되는)타일, 창호지 등 적절한 마감재를 선택한다.

② 겨울철의 건조함을 방지하기 위해서 가습기 등의 전자제품보다는 적절한 식물을 두거나 빨래 건조대 등을 활용한다.

[노트 5] 아동발달단계에 따른 주거공간의 변화

개방된 아동공간을 거실과 연결하여 배치시키되 거실보다 높게 하여 아동공간의 독립성과 영역성을 확보하면서 아동공간에 있는 자녀를 거실에서 부모가 자연스럽게 지켜보고 서로 대화를 나누고 아동의 놀이나 활동을 함께 할 수 있다. 아동이 성장함에 따라 아동공간을 적절히 변화시킬 수 있음은 매우 중요한 요소이다.

1. 영아기 아동(만 0세~만 3세)

감각기관을 발달시키고 부모로부터의 신뢰감을 키울 수 있는 환경이 중요하다.

– 거실에서 부모와 아동이 대부분의 시간을 함께 보낸다.

2. 유아기 아동(만 3세~만 5세)

놀이를 통해서 감성을 키우고 신체능력을 높이는 환경을 제공한다.

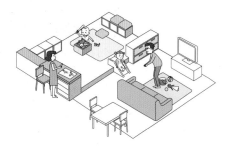

– 아동공간과 거실에서 아동은 놀고, 부모는 자연스럽게 보면서 놀이와 교육에 적절하게 참여할 수 있다.

3. 학령기 아동(만 5세~만 10세)

자발성을 기르며 다양한 체험으로 사회성을 발달시킬 수 있는 환경을 조성한다.

– 형제나 친구와 자유롭게 놀 수 있고, 부모와 자연스런 접촉으로 대화와 교육이 이루어진다.

4. 청소년기

가족과 적절한 거리감을 유지하면서 자신의 영역을 확립할 수 있는 환경이 바람직하다.

– 개인영역을 적절히 유지하면서 가족의 기척을 언제나 느끼며 서로의 시간을 공유할 수 있다.

(4) 아동의 특성에 적합한 빛 환경 계획

① 아동에게 건강한 빛 환경을 제공하기 위해서는 우선 자연광을 실내로 최대한 유입시키는 방안에 대한 검토가 이루어져야 한다.

② 낮에 아동이 주로 생활하는 공간은 자연광이 충분히 유입되도록 해야 하며, 그렇지 못할 경우 자연광과 유사한 빛의 인공조명으로 계획한다.

③ 아동이 생활하는 공간은 전체조명뿐 아니라 부분조명을 설치하여 아동의 활동에 따라 적절하게 선택할 수 있도록 한다.

④ 아동에게 적합한 빛 환경이 될 수 있도록 조명 계획단계에서부터 조명기구의 디자인뿐만 아니라 조명기구로부터 방사되는 빛이 공간을 어떻게 비추고, 이에 아동의 시각적·생리적 반응은 물론, 심리적 영향에 대해서도 고려하는 것이 중요하다.

(5) 아동의 활동에 적합한 실내온도 유지

① 겨울철, 아동의 활동에 적합하도록 실내온도를 유지한다. 특히 따뜻한 방에서 추운 욕실로 혹은 따뜻한 욕실에서 추운 거실로 이동할 때, 각 실의 급격한 온도변화에 의해 아동이 감기에 걸릴 위험이 있으므로, 주택 전체를 고단열(高斷熱)과 고기밀(高氣密) 주택으로 설계하여 각 실 간의 온도차가 발생하지 않도록 계획하는 것이 바람직하다.

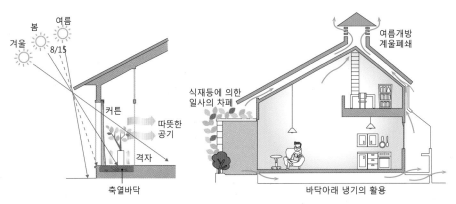

4 적절한 실내환경의 확보 주택의 향, 창, 처마, 단열과 기밀도 등을 활용하여 적합한 실내환경을 확보할 수 있다.

② 여름철에는 기계식 냉방보다는 자연 통풍을 이용하여 실내온도가 조절되도록 계획한다.

③ 청소년기 아동 학습공간의 온도계획은 실내의 온도를 적정수준(21도 이상~30도 미만)으로 유지하되, 바닥면은 따뜻하게 하고 책상 위 공간은 시원한 느낌이 들도록 하면 학습효과를 높일 수 있다.

(6) 소음에 대한 차음성 확보

① 집합주택의 경우 아동의 울음소리나 움직임, 활동이나 놀이 등에서 발생하는 각종 소음으로 이웃과 갈등을 겪는 문제가 많이 발생하므로 차음성 확보에 특히 유의한다.

5 집합주택에서는 층간소음이나 놀이터의 놀이, 차량소음 등으로 이웃 간 갈등이 벌어지기도 한다.

② 바닥은 물론, 벽에도 차음성능이 우수한 재료를 사용하고, 이웃과의 경계를 이루는 벽에 가구를 두어 차음성을 높인다. 또, 현관에 이중문을 설치하는 등 개구부의 방음성능 확보에 유의한다.

2) 즐겁고 편리한 환경

아동은 즐겁게 놀 수 있고 사용하기 편리한 공간과 환경에서 '스스로 할 수 있다'는 자립심과 자긍심을 키우며 기본적인 생활습관을 자연스럽게 익히게 된다. 따라서 아동이 공부나 집안 심부름, 놀이 등을 스스로 하기 쉬운 집을 만드는 것이 중요하다. 그뿐만 아니라 동시에 많은 일들을 처리해야 하고 양육에 대한 스트레스가 큰 부모도 행복하고 즐겁게 생활할 수 있도록 편리하게 배려된 환경으로 집을 만들어야 한다. 즉, 아동이 즐겁게 생활하면서 성장하고, 부모가 행복하게 아이를 돌보고 키울 수 있는 주거환경이 중요하다.

2층

1층

6 부모가 아이를 키우기 쉽고 돌보기 쉽도록 배려된 주택 평면   특히 앞뒤마당에서의 아이의 놀이가 또래 아이를 키우는 부모와 연결되어 양육 관련 정보를 공유하고 육아기에 고립되기 쉬운 부모의 활동을 자연스럽게 촉진할 수 있도록 공간과 설비를 계획하고 있다.

(1) 아동의 성장이나 가족 수의 변화에 대응 가능한 가변성 부여

고정된 벽으로 각 실을 구획하여 각 실의 역할이 제한되어 있을 경우, 아동이 성장하거나 가족 수가 변화하면 공간 사용에 불편을 느끼거나 불만이 발생할 소지가 있다. 그러므로 주택을 더 단순하게 계획하고, 아동의 성장에 따라 필요한 실을 분리 또는 통합하거나 위치를 바꿀 수 있도록 구조를 계획하고 슬라이드 도어나 이동식 칸막이, 벽체형 가구 등을 활용하여 공간 가변성을 제공하는 것이 필요하다.

(2) 여유있는 거실공간, 현관, 옥외공간, 수납공간 확보

① 어린 아동일수록 거실 또는 거실 겸 식사실에서 부모와 함께 놀거나 공부를 하면서 보내는 시간이 길다. 그러므로 거실, 식사실 등의 연계 공간은 아동

[노트 6] 벽체형 가구를 이용하여 아동의 성장에 따라 공간을 구획한 사례

공간이 연결되어 있어 부부침실에서도 아이들을 볼 수 있어 안심할 수 있다.

유아기
부모님의 주침실과 연결된 형제 공유의 침실. '가족 영역' 안에 자는 장소와 놀이 공간이 있어 부모의 눈길이 미치기 쉬운 구조로 안전사고 등에 대한 불안을 해소할 수 있다.

한 공간에서 공부하고 물품을 함께 사용하면서 취침공간은 분리하여 사용한다.

아동기
형제 각각의 공간을 확보하면서 공유 공간도 있는 아동실. 공부는 가족과 함께 보내는 거실에서 하고 개인 물품은 아동실에 두어 자발성이나 정리 능력을 몸에 익힐 수 있다.

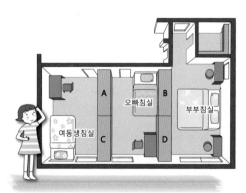

청소년기
프라이버시에 신경쓰는 나이가 되면 각각 혼자가 될 수 있는 '개인 형성'을 중시한 구성으로 바꿔준다. 이는 친구와의 교제나 공부, 취미 등 '자기만의 영역' 거점이 된다.

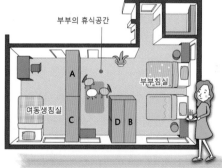

부부의 휴식공간

성인기
큰 자녀는 독립하고, 둘째는 아직 독립하기 전이지만 가족의 생활양식은 이전과 달라진다. 이 시기 이후 독립한 자녀의 공간은 육아를 끝낸 부부를 위해서 활용하게 된다.

이 부모와 함께 지낼 수 있도록 충분한 공간을 확보하도록 한다.

② 아동이 쉽게 바깥으로 나가서 놀 수 있는 옥외공간(마당, 발코니)을 제공하는 것이 바람직하다. 이때 옥외공간에서 놀고 있는 아동과 실내에 있는 부모가 쉽게 서로 눈을 마주치거나 대화를 나눌 수 있도록 해야 한다.

7 아동을 위한 옥외공간   거실에 앉아서도 마당에 놀고 있는 아동을 볼 수 있다.

③ 아동이 성장할수록 자전거, 인라인 스케이트, 보드, 축구공, 모래놀이도구 등 부피가 비교적 크거나 흙이 묻은 실외 놀이용 도구와 기구들이 많아지므로 이들을 수납할 수 있도록 충분한 크기의 현관과 수납공간을 계획한다. 우산의 수납, 외출에 필요한 것을 수납할 수 있는 선반, 서랍도 있으면 사용하기 편리하다.

8 현관에 설치된 놀이기구 수납공간   현관에 실외놀이용 기구를 위한 충분한 수납공간을 설치한다.

④ 아동이 성장함에 따라 아동용 물건들이 많아지므로 워킹 클로젯(walking closet), 창고, 트렁크룸, 로프트, 다락방(지붕 밑), 간이 수납 등 다양한 형태의 수납공간을 충분히 제공한다.

9 벽장이나 다락방 등 아이가 스스로 정리하고 수납할 수 있는 공간은 다양한 방법으로 확보할 수 있다.

(3) 아동 신체치수에 맞는 가구 및 설비 선택

① 아동이 혼자서도 편리하게 사용할 수 있도록 아동의 신체치수에 적합한 가구를 선택한다. 또 사용하기 쉽고 아동의 손이 닿는 위치에 문손잡이와 스위치 등을 설치하여 아동 스스로 도전하고 경험할 수 있는 환경을 마련한다.

10 이 닦기, 배변, 목욕, 스위치 끄고 켜기, 현관 출입 등 스스로 할 수 있도록 필요한 도구를 지원하거나 적절한 설비나 기기를 설치한다.

② 아동이 스스로 자신의 물건들을 정리정돈 하고 이를 통해 자립심과 자신에 대한 자긍심을 높일 수 있도록 아동의 성장단계에 따른 적절한 수납공간을 계획하여 제공한다.

11 스스로 옷을 찾아입고 벗은 옷을 정리할 수 있도록 적절한 가구를 선택하는 것이 중요하다.

(4) 아동을 바라보면서 가사작업을 할 수 있도록 공간 및 가구 배치

① 아동이 어릴수록 부모가 아동을 언제나 가까이에서 지켜보고 대화를 나누고 느낄 수 있는 것이 중요하다. 따라서 집은 아동이 부모를, 부모가 아동을 언제 어디서나 볼 수 있는 공간으로 계획해야 한다.

② 부엌에서 식사를 준비하거나 설거지를 하는 동안, 거실에 있는 아동을 바라보거나 눈을 마주보며 대화할 수 있도록 부엌 – 식사실 – 거실 일체형으로 공간을 배치하고 아일랜드형의 부엌을 설치하는 것이 좋다.

12 부엌에서 거실과 식사실을 바로 볼 수 있다. 이에는 거실과 식사실을 하나로 연결하는 방법이 있다.

(5) 부모의 양육과 가사 부담을 줄일 수 있는 효율적 가사작업 동선 계획

① 아동의 양육과 집안의 각종 가사작업을 효율적으로 할 수 있도록 부엌과 욕실 등의 물을 사용하는 공간이나 거실과 식사실 등 성격이 유사하거나 서로 관계가 있는 실들을 연결하고 가사 행위의 순서나 동선을 고려하여 공간을 기능적으로 배치한다.

13 **효율적인 가사작업 동선** 　부엌에서 외부로 바로 나갈 수 있는 출입문이 있는 부엌(왼쪽). 바느질, 다림질 등의 가사작업공간이 부엌 옆에 있는 사례(가운데). 부엌에 작은 사무공간을 두어 가사작업이 없을 때 간단한 일을 할 수 있게 배려된 사례(오른쪽).

② 아동을 양육하는 시기에는 구입하는 물품량이 증가하고 반출되는 쓰레기 양
도 많으므로 부엌에서 외부로 쉽게 연결되는 통로를 확보하여 구입물품의 반
입과 쓰레기 반출이 용이하게끔 한다.

③ 아동을 양육하는 동안 세탁물의 양이 많아지므로 세탁물을 세탁 및 건조를
위한 여유있는 공간과 적절한 설비를 설치하는 것이 필요하다. 특히 비오는
날 세탁물을 말릴 수 있는 설비나 공간이 있으면 편리하다.

14 외부로의 출구, 세탁, 세탁물 손질, 다림질, 사무공간 등의 주부 가사공간을 부엌과 연결되도록 배치하
여 작업의 효율성의 향상과 함께 육아 스트레스를 완화시키도록 한다.

(6) 아동의 낮잠 공간 마련

아동이 낮 동안 주로 생활하는 공간에는 편안하게 낮잠을 잘 수 있는 공간을 마
련하는 것이 바람직하다. 아동이 자는 동안 부모는 다른 가사일을 하면서 아동을
돌볼 수 있어 편리하다.

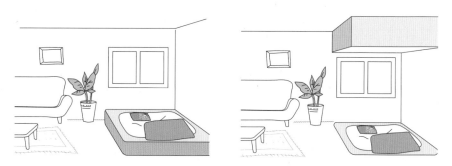

15 아동의 낮잠 공간   거실의 바닥 높이를 조금 높이거나(왼쪽), 천장 높이를 낮춰(오른쪽) 아동의 낮
잠 공간을 만들어준다.

16 거실에 설치된 이동가능한 실내 평상

(7) 청소 및 유지관리가 용이한 마감재의 선택

아동이 집에서 놀거나 활동을 할 때, 벽이나 바닥을 더럽힐 수 있으므로 바닥과 벽의 마감재는 방염처리가 된 것이나 더러움을 덜 타는 재료를 선택하는 것이 바람직하다. 그리고 더러워졌을 때 이를 쉽게 제거할 수 있는 재료가 효과적이다.

3) 안전한 환경

아동의 건강한 성장을 위한 안전한 환경의 확보는 매우 중요하다. 익사, 추락, 감전, 화상 등의 아동의 안전사고 대부분이 집 내부에서 발생*하고 있으며, 최근에는 교통사고나 아동유괴 등의 범죄가 집 주변에서 지속적으로 발생하고 있다. 그러므로 아동이 안전하게 일상생활을 할 수 있고 부모가 안심하고 자녀를 키울 수 있도록 주택 내부에서의 안전사고 및 범죄를 예방하는 집을 계획해야 한다.

(1) 미끄럼 방지 및 단차와 문턱 제거

① 주택 내부에서 아동이 넘어져 다치지 않도록 미끄럼 방지처리가 된 바닥마감재를 선택하고 주택 내부에 단차가 생기지 않게 마감한다.

17 아동이 문턱에 걸려 넘어지지 않도록 가능한 한 문턱은 없애는 것이 좋다.

---

* 아동 안전사고의 대부분이 부엌에서 발생하는데, 뜨거운 냄비 또는 직접적인 불에 화상을 입거나 칼이나 가위와 같이 예리한 조리기구가 떨어져 상처를 입을 수 있다. 또한 욕실에서 물이 가득 담긴 욕조에 빠지거나 세탁기 안으로 떨어지는 사고도 빈번히 발생한다.

② 특히 실내외 출입문의 문턱에 걸려 넘어지는 경우가 많으므로 가능한 한 문턱은 없애도록 하고, 바닥마감재는 단차가 발생하지 않도록 시공한다.

③ 넘어짐에 대비하여 바닥마감재는 쿠션 성능이 있는 재료를 선택한다.

(2) 안전사고 방지를 위한 다양한 안전장치 설치

① 욕실, 부엌, 발코니, 계단, 집합주택의 설비기기류 두는 곳 등 아동의 안전사고 발생 위험이 있다고 생각되는 장소에는 잠금장치, 안전 펜스(차일드 펜스), 출입문 등과 같은 안전장치를 설치하여 아동의 출입을 통제하도록 한다.

18 아동이 접근해서는 안 되는 계단이나 부엌에는 안전 펜스 또는 안전문을 설치한다.

② 욕실, 발코니 등에 안전사고 방지를 위해 문을 설치할 경우 아동의 손이 닿지 않도록 높은 곳에 잠금장치를 설치한다.

③ 화장실 등의 공간에는 쓰러지거나 갇히게 될 경우에 대비하여 외부에서도 열 수 있는 잠금장치를 설치한다.

④ 창, 발코니, 공용 복도, 밖으로 개방된 공용 계단 등 추락 위험이 있는 장소에는 난간이나 벽을 설치하되 발을 걸치고 올라갈 수 있는 형태

19 발코니에 아동이 올라서지 못하도록 적절한 안전 난간을 설치하고, 주변에 디딤판이 될 만한 물품은 제거한다.

20 아동의 손이 닿지 않는 곳에 잠금장치를 설치(왼쪽). 포켓도어가 완전히 수납되어 통행에 불편이 없어야 하며 수납된 문을 쉽게 닫을 수 있도록 문손잡이를 추가로 설치한다(가운데, 오른쪽).

21 유리, 철망, 목재판 등의 난간을 적절하게 설치하여 아동의 호기심을 해소하면서도 안전을 확보할 수 있다.

의 가로 격자 난간을 만들어서는 안 되며, 밟고 올라갈 수 있는 발판이 될 수 있는 가구 및 상자나 턱 등을 제거한다.

⑤ 전선이나 콘센트 등에 의한 감전사고 위험이 있으므로 콘센트를 높은 위치에 설치하거나 커버가 있는 콘센트를 선택한다. 다만 콘센트를 높은 곳에 설치할 경우 전선에 걸려 넘어질 수 있으므로 사용하는 목적에 따라 위치를 조정한다.

⑥ 뜨거운 물이 나오는 수전은 열전도율이 낮은 재료로 된 것을 선택하고, 난로 등 불을 사용하는 설비에는 잠금장치가 부착된 것을 선택한다.

(3) 위험한 물건들을 위한 안전한 수납 제공

생후 10개월 무렵이면 잡고 일어서고 걸을 수 있어 행동 범위가 넓어지고, 모든 것에 흥미를 느끼고 손에 닿는 것들은 모두 잡아서 입으로 가져가게 된다. 그러므로 세제, 건전지, 칼날 등 위험한 것들은 아동의 손이 닿지 않는 높이에 수납하거나 손이 닿는 높이의 수납에는 열쇠를 잠그는 등 아동에게 위험한 물건들을 안전하게 수납할 수 있게 한다.

(4) 손 끼임 방지 장치 설치 및 둥근 모서리와 미끄러지지 않는 바닥재 사용

① 문을 열고 닫을 때 아동의 손가락과 발가락이 끼는 사고가 많이 발생한다. 그러므로 여닫이문은 경첩 사이로 손가락이 끼지 않는 형태를 선택하고, 기

문의 닫힘 속도를 조절하는 장치

문이 갑자기 닫히지 않도록 잡아
주는 장치

22 손 끼임 방지　　손 끼임 사고를 미연에 방지하기 위하여 미닫이문에는 문의 닫힘 속도를 조절하는 하드웨어(왼쪽)를 설치하거나 여닫이문에는 손 끼임 방지책이 적용된 문이나 갑자기 닫히지 않도록 하는 추가장치(오른쪽)를 설치한다.

존의 문에는 손가락 끼임 방지 장치를 설치한다. 그리고 미닫이문은 열거나 닫을 때 손가락이 끼지 않도록 손잡이의 선택 및 설치에 유의하고 문틀에 스토퍼를 설치하여 사고를 방지한다.

② 가구나 벽 모서리는 부딪혀도 상처를 입지 않도록 둥글게 처리하는 것이 좋다.

③ 바닥 마감재는 청소가 용이하면서도 잘 미끄러지지 않는 것으로 선택한다.

(5) 안전하게 놀 수 있는 마당이나 공간 제공

아동을 대상으로 한 범죄가 증가하면서 아이만 밖에서 노는 것을 기피하는 부모도 적지 않다. 그러므로 부모가 집 안이나 근처에서 아동을 볼 수 있는 마당이나 머물 수 있는 공간이 있다면 안심하고 아동이 바깥에서 놀 수 있을 것이다.

23　실내에서도 아동의 노는 모습을 볼 수 있도록 옥외마당이나 놀이공간을 계획한다.

24 아동의 노는 모습을 각 세대의 발코니에서 볼 수 있는 주거동과 연결된 놀이 공간(위). 주거동 출입구와 연결된 아동 놀이 공간(아래 왼쪽)과 바깥에서도 볼 수 있는 실내 놀이 공간(아래 오른쪽).

(6) 범죄예방을 위한 설비와 구조

① 아동 혼자 집에 있을 때를 위해 방문자의 얼굴을 확인할 수 있는 화상 도어 폰을 설치하면 좋다. 그리고 아동이 집에 혼자 있을 때 위급한 상황이 발생하면 간단히 버튼을 누름으로써 부모나 외부에 알릴 수 있는 긴급통보시스템 등의 안전설비를 설치한다.

② 현관 주변이 어두우면 범죄의 사각지대가 될 수 있으므로 센서식의 옥외등을 적절한 위치에 배치하며, 특히 현관 주위를 밝게 한다.

③ 집합주택의 공용 부분은 아동을 대상으로 한 범죄가 빈번하게 발생하는 사각지대가 많다. 그러므로 공용현관에 오토락 시스템(auto-lock system)을 설치하거나 엘리베이터나 공용 복도에서 사각지대가 되기 쉬운 장소에 방범카메라를 설치하는 것이 좋다.

4) 바람직한 관계를 촉진하는 환경

아동은 주거환경 속에서 누구와 어떤 관계를 맺으며 생활하느냐에 따라 정서

자료 : '住まいにおける子どもの居どころ調査'より 京都女子大学片山研究室/積水ハウス綜合研究所(2007年)

▲ 연령별 아동실의 보유 비율

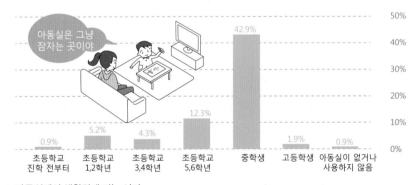

▲ 아동실에서 생활하게 되는 시기

25 아동의 연령에 따라 독립된 자신의 방에서 생활하는 행태와 시간이 다르고 가족과의 관계 및 요구가 달라지므로, 관계형성뿐 아니라 적절하게 관계를 조절할 수 있도록 환경을 구성하는 것이 중요하다.

적·사회적·인지적 경험이 달라지며 이러한 경험은 아동의 인격 형성에 지대한 영향을 미친다. 그러므로 아동의 성장을 위해서는 부모, 형제, 친구, 이웃 등 다른 사람과 적절한 관계를 형성하고 조절할 수 있는 환경을 제공해야 한다. 일상생활에서 아동과 가족이 자연스럽게 만나고 대화하고 함께 즐겁게 생활하면서 가족과의 유대감을 돈독하게 하는 한편, 때에 따라서는 관계를 적절하게 조절할 수 있도록 집을 계획하는 것이 중요하다. 특히 아동의 발달단계에 따라서 가족과의 관계형성 행태와 요구 등이 변하므로 환경 또한 이에 적절하게 대응할 수 있도록 계획해야 한다.

(1) 가족이 자연스럽게 모여 서로 대화할 수 있도록 공간 구성

① 거실, 식사실, 부엌을 자연스럽게 연결시켜 가족이 한자리에 모일 수 있는 넓은 공간을 확보한다.

② 부엌에서 조리나 설거지 등을 하면서도 거실이나 식사실에 있는 가족들을 바라보면서 함께 대화할 수 있도록 한다.

③ 가족이 함께 사용하거나 때로는 개인이 사용할 수도 있는 큰 식탁 겸 테이블을 두는 것도 가족의 유대감을 키우는 데 효과적이다.

1층   2층

26 부엌 주위에 가족의 동선이 교차하도록 계획된 사례   아동과 가장 많은 시간을 보내는 엄마가 부엌에서 작업을 하는 동안에도 아동이 어디에 있는지 또는 무엇을 하는지 등을 파악하기 쉬운 위치에 부엌을 배치한다.

(2) 아동의 모습과 기척을 확인할 수 있는 공간 배치

① 아동의 모습을 쉽게 확인할 수 있는 위치에 아동이 주로 사용하는 공간을 배치하고, 집안 어디에서든지 가족의 움직임을 알 수 있게 한다.

② 청소년 시기에는 대체로 부모의 간섭을 번거롭게 생각하므로, 자연스럽게 아이가 귀가하는 모습을 확인할 수 있도록 아이가 현관에서 거실을 지나 자신의 방으로 가게끔 배치하는 것이 바람직하다.

③ 집안 어디에서나 가족의 기척을 느낄 수 있도록 창을 설치하여 공간을 나눈다.

27 아동실에 인접한 곳에 거실 또는, 가사작업실을 배치하여 아동의 움직임을 어디서든지 볼 수 있으며, 아동실과 가사작업실이 연결된 벽면에 작은 창을 두어 가족의 기척을 느낄 수 있다.

(3) 부모와 아동이 함께 사용할 수 있는 적절한 크기의 공간 제공

① 아동이 어릴 때는 부모와 함께 자는 경우가 많으므로 부모와 아동이 함께 잘 수 있는 넓이의 침실이 필요하다.

② 아동이 어느 정도 성장하면 부엌에서 부모를 돕거나 심부름을 할 수 있게 되므로 부모와 아동이 나란히 작업할 수 있도록 충분한 넓이의 부엌공간을 제공하는 것이 바람직하다. 부엌에서 부모와 아동이 함께 작업을 하면서 부모는 아동에게 요리 방법을 가르치고 가족의 식문화를 전할 수 있게 되며, 아동은 식사준비 등을 도움으로써 가족으로서의 소속감은 물론 부모에게 도움

을 줄 수 있다는 자긍심을 고취시킬 수 있다.

③ 욕실은 부모가 아동의 목욕이나 세수를 돕거나 부모와 아동이 함께 목욕 또는 세수를 할 수 있으며 여름에는 물놀이가 가능하도록 계획한다.

(4) 아동의 그림이나 사진 등을 전시할 수 있는 장소

① 한 면이 넓게 비어 있는 공간을 두어 아동이 그린 그림이나 사진 등을 둘 수 있는 장소를 조성한다. 아동은 자신이 만든 작품이나 사진으로 장식된 공간을 가짐으로써 자부심과 창조 의욕이 높아질 수 있다. 이 장소를 가족의 자랑거리 등을 전시하거나 메모를 남길 수 있는 공간으로도 활용할 수 있으며 이를 통해 가족의 이야기를 풍성하게 한다.

② 복도에 코르크 보드와 화이트보드를 설치하면 갤러리로 변신하여 작품을 전시하거나 그림 그리기를 할 수 있다.

28 가족이 주로 모이는 식사실 벽면에 보드를 설치하여 메모 등을 남길 수 있다.

5) 문화의 지속성과 아동문화를 조장하는 환경

아동은 또래집단을 형성하여 아동끼리 하는 놀이, 아동이 좋아하는 형태와 색 등 자신들만의 문화를 가지고 있다. 아동이 건강하게 잘 자라기 위해서는 성인들의 문화와는 다른 아동문화의 독자성을 존중해야 한다. 아동을 위한 환경은 아동문화나 아동다움을 인정하는 주거를 형성해야 할 것이다.

(1) 아동이 흥미롭게 마음껏 놀 수 있는 공간 제공

① 현관, 발코니, 마당 등에 아동이 모래놀이, 물놀이, 자전거타기, 공차기 등 더러워지거나 시끄러운 것을 걱정하지 않고 자유롭게 놀 수 있는 공간을 제공한다.

29 현관, 발코니 등에 아동이 자유롭게 놀 수 있는 공간을 둔다.

30 집합주택의 동출입구와 연결된 놀이 공간에 마련된 모래놀이터(왼쪽, 가운데)와 단독주택의 마당에 있는 놀이집(오른쪽).

② 아동은 가만히 있지 않고 항상 이리저리 움직이고 돌아다닌다. 아동이 집안에서 안전하고 자유롭게 돌아다닐 수 있도록 순환형의 평면으로 계획하는 것이 좋다.

 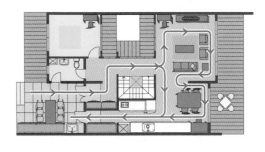

31 아동이 안전하게 돌아다닐 수 있게 순환형으로 주택 내부를 계획한다.

(2) 비밀의 장소 설치

다락방, 천막집, 침대 아래 공간 등 아동이 상상력을 가지고 자신만의 환경을 만들 수 있는 아동의 신체 크기에 맞는 작고 은밀한 사적인 장소로 은둔지나 비밀기지*를 제공하는 것도 바람직하다. 비밀기지라는 닫힌 놀이 공간에 머무는 동안, 아동은 현실과는 다른 상상의 세계에서 자신이 살고 있다는 체험을 할 수 있다.

32 다락방이나 로프트가 있는 주택 아동실에 다락방을 두어 자신만의 작고 은밀한 공간을 제공한다.

(3) 경험을 공유할 수 있는 환경 조성

① 형제자매나 또래친구와 함께 나누어 사용하고 생활할 수 있는 공용공간을 제공한다.

② 이웃의 또래친구는 물론 친구의 부모도 쉽게 방문하여 편하게 머물고 놀 수 있는 공간을 확보하여 이웃과의 교류를 활성화한다.

33 현관 앞의 이웃과 담화할 수 있는 공간을 둔다.

---

* 환경교육학자 소벨(Sobel)이 은둔지나 부시 하우스(오스트레일리아·아프리카에서 볼 수 있는 베란다가 딸린 단층 목조 가옥) 등의 비밀기지가 '몇 세대에 걸쳐 아동 사이에 침투해 왔다'라고 하였으며(Sobel, 1993), 발달심리학자 사사키 히로코는 '발달의 원동력이란 아동이 자신이 필요로 하는 환경을 자신의 의지로 구축해 가고 그 안에서 강하게 동경하는 생활을 즐기는 것과 다름없다'고 말하고 있다.

이러한 비밀기지는 나라나 시대를 불문하고 오래전부터 전승되어온 아동문화의 전형으로, 아동이 상상력을 가지고 '강하게 동경하는 생활'을 실현하는 공간이라고 할 수 있다.

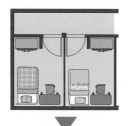

34 각각의 방을 하나로 만들고 침실은 분리하지만 학습 및 놀이 등은 함께 할 수 있는 공간으로 만든다.

35 2층 침대로 각각의 취침공간은 분리시키고 학습과 놀이는 함께 할 수 있도록 공간을 구성한다.

(4) 전통양식과 자연 소재 활용

① 전통주택에서 생활하는 기회나 전통 놀이를 접하고 익히는 기회를 제공하여 주거가 가진 문화적 전통 및 놀이의 계승을 도모한다.

② 문화와 전통을 자연스럽게 가까이 접할 수 있도록 창호지·미닫이, 기와 등 전통양식을 도입해 문화나 전통을 어릴 적부터 가까이에서 느끼게 하는 한편, 세대를 뛰어넘은 전통의 가치를 이어갈 수 있는 계기를 마련한다.

③ 회반죽, 규조토, 종이 등 자연 소재도 종류가 풍부하므로 다양한 자연 소재들을 활용하여 아동이 여러 가지 소재가 가지고 있는 특성들을 체험하고 오감을 발달시킬 수 있도록 한다.

(5) 자연을 접하고 함께 살아가는 방법을 배우는 공간의 제공

① 식물을 함께 키울 수 있는 공간을 마련함으로써 가족 간의 유대감을 증진시키는 한편, 건강한 먹거리를 통한 평생의 식생활 습관을 익히도록 한다.

② 가족 전통의 먹거리 요리법 등을 매개로 할아버지 세대와 손자녀 세대의 공감대를 형성하는 노력을 도모한다.

③ 태양광, 태양열 등을 활용하거나 단열을 강화하는 등의 친환경 주택으로 계획하여 일상생활을 통해 환경의 소중함을 깨닫고, 자연스럽게 자원을 아끼고 가꾸는 방법을 익히는 기회를 제공한다.

④ 빗물을 이용하는 방법, 발의 설치 등 이전 세대부터 자원을 활용해온 친환경 생활방식을 도입하여 자연에 대한 존중과 이러한 생활방식의 계승에 대한 필요성을 스스로 인지할 수 있는 기회를 제공한다.

36 빗물 저금통의 설치　수자원의 중요성과 전통 생활문화에 대한 존중을 익히도록 한다.

2. 공간별 디자인 포인트

1) 공간구성

– 가변성이 있는 공간 구획
– 아동의 모습을 확인하기 쉬운 배치
– 거실을 경유하는 동선 계획
– 거실, 식사실, 부엌 사이에 넓은 공간 확보
– 순환형의 공간 배치
– 아동이 놀 수 있는 마당 확보
– 거실이나 식사실을 볼 수 있는 부엌
– 거실에 다목적으로 이용 가능한 작은 공간 설치
– 거실과 연결된 발코니
– 통풍과 채광의 배려

37 디자인 사례 : 단독주택

① 공간구성은 아동과 가족 모두가 함께 즐겁고 건강하게 성장할 수 있도록 해야 한다. 그리고 아동의 성장에 따른 변화에 대응할 수 있도록 한다.

② 순환형 공간을 배치하여 아동이 자유롭게 돌아다닐 수 있고 놀 수 있는 마당이나 공간을 제공한다.

③ 거실, 식사실, 부엌 사이에 가족이 모일 수 있는 공간을 제공한다. 특히 거실에 부모와 아동이 함께할 수 있는 공간을 마련한다.

④ 집안에 있는 아동의 모습을 쉽게 확인할 수 있도록 공간을 배치한다. 특히 부엌에서도 거실이나 식사실에 있는 가족이나 아동을 볼 수 있게 한다.

⑤ 가변성이 있는 공간구획을 활용한다.

– 가변형 벽체를 이용하여 아동의 성장에 따라 가변성이 있는 공간 구획
– 거실이나 식사실과 연결된 부엌
– 모든 공간이 연결되어 있는 순환형 공간배치

38 디자인 사례 : 집합주택

2) 거실 · 식사실 · 부엌

- 거실에 부모와 아동을 위한 장소
- 거실이나 식사실을 볼 수 있는 부엌
- 가구의 전도 방지, 수납문 등에 잠금 기능
- 거실, 식사실, 부엌 사이에 넓은 공간 확보
- 거실에 충분한 수납공간

39 디자인 사례 : 거실 · 식사실 · 부엌

① 거실과 식사실은 가족이 함께 모여서 대화를 나누거나 휴식하는 곳으로, 특히 어린 아동이 많은 시간을 보내는 생활공간이다. 그리고 부엌은 부모가 음식준비, 뒷정리 등의 가사작업의 장소로 매일 많은 시간을 보내는 장소이다.

② 따라서 아동과 부모의 자연스러운 만남이 이루어지고, 가사 부담을 경감시키며 사고를 방지하는 것 등에 대한 다양한 배려가 필요하다.

③ 거실의 일부분에 부모나 아동을 위한 공간을 배치시켜 공부나 놀이, 일 등 각자 자신의 일을 하면서 다른 가족의 기척을 느낄 수 있게 한다. 특히 아동이 거실·식사실에서 공부 등을 하며 보낼 수 있는 공간을 확보한다.

④ 거실에 충분한 수납공간을 제공한다. 그리고 아동의 그림이나 사진 등을 전시, 장식할 수 있는 장소를 설치한다.

⑤ 아동이 낮 시간동안 주로 생활하는 거실 및 식사실은 가능한 한 큰 창을 설치하여 충분한 채광을 취하고 개방적인 공간으로 계획한다.

⑥ 부엌은 거실이나 식사실을 볼 수 있도록 배치하고, 아동이 부모를 도와 함께 작업할 수 있는 넓이의 부엌을 확보한다.

⑦ 부엌공간은 부모의 가사 부담을 줄여주고 편리하게 사용할 수 있도록 작업이 용이한 동선으로 계획한다. 또 부엌의 수납공간을 충분히 제공하고, 특히 가스레인지 등의 화기나 칼 등의 날카로운 물건에 아동이 접근할 수 없게 잠금 장치를 설치한다.

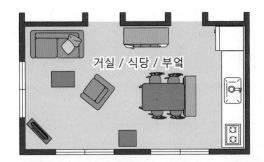

40 부엌에서 거실과 식사실을 볼 수 있도록 일자형 또는 ㄱ자형으로 배치한다. 거실에는 큰 창을 두어 통풍과 채광이 좋도록 한다.

3) 화장실·욕실

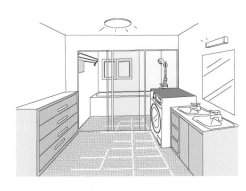

– 비오는 날 세탁물 건조를 위한 설비나 공간 확보
– 미끄러지지 않는 바닥재
– 화장실·욕실 주변에 수납장소 설치
– 바깥에서도 열 수 있는 문
– 단차 제거

41 디자인 사례 : 화장실·욕실

① 화장실·욕실은 아동의 뜻하지 않은 사고가 빈번하게 일어나는 곳이므로 아동의 안전사고를 예방하고 청결함을 용이하게 유지하도록 배려해야 한다.

② 욕실은 쉽게 추워지므로 일정 온도의 유지를 위하여 바닥 난방을 설치하는

42 욕실에 아동의 신체치수에 맞는 설비를 설치하여 아동 혼자서 안전하게 씻을 수 있도록 한다(왼쪽). 욕실 옆에 세면실과 수납공간을 둔다(가운데). 욕실과 인접한 곳에 세탁실을 두고 실내에서 건조할 수 있는 설비가 있다(오른쪽).

것이 바람직하다.

③ 욕실의 벽·바닥 등에 방염처리 또는 더러움을 덜 타는 마감재를 사용한다. 특히 바닥은 미끄러지지 않는 바닥재나 탄력이 있는 재료를 사용한다.

④ 아동이 사용하기 쉬운 문을 설치한다. 화장실·욕실 안에서 쓰러질 경우 밖에서도 문을 열 수 있는 잠금장치를 사용한다.

⑤ 욕실과 인접한 곳에 목욕 후 필요한 내의 등을 수납할 수 있는 공간을 마련한다.

⑥ 아동이 접근해서는 안 되는 위험한 곳에는 안전 펜스 등의 안전시설을 설치하고, 위험한 물건이 있는 곳에는 잠금장치를 설치한다.

⑦ 온수용 수전에는 화상을 예방하기 위한 온도 고정장치를 설치한다.

4) 침실·아동실

– 가족의 기척을 느낄 수 있는 문 설치
– 아이가 쉽게 열 수 있는 창문 사용
– 잘 미끄러지지 않는 바닥 마감재, 탄력성이 있는 바닥재 사용
– 바닥·벽 등의 더러움을 쉽게 청소할 수 있는 마감재 사용

43 디자인 사례:침실·아동실

44 취침 영역을 로프트에 두어 활동영역과 구분한 아동실(왼쪽), 아동실에 있는 아동의 기척을 바깥에서도 느낄 수 있는 문(가운데), 가족의 주된 활동공간인 식사실과 거실에 인접하도록 배치한 아동실(오른쪽).

① 침실과 아동실은 피로회복 등의 개인 시간을 보내는 장소이다.

② 아동실은 안전성을 확보하는 것과 동시에 아동의 성장에 따라 적절한 프라이버시를 유지하면서 부모의 따뜻한 보살핌을 받고 있음이 전달되어지는 공간으로 계획해야 한다.

③ 건강한 생활패턴을 형성할 수 있도록 동쪽에 아동의 침실을 배치하고 아침 햇살이 충분하게 유입될 수 있도록 창을 설치한다. 아침 햇살을 받으며 잠에서 깨어 낮시간 동안 활기차게 생활하는 건강한 생체리듬을 형성하도록 유도하는 것이 매우 중요하다.

④ 로프트 공간에 마련된 아동의 침실이나 활동공간은 환기에 특히 유의하여 계획한다.

⑤ 아동실에 있는 아동을 자연스럽고 쉽게 볼 수 있도록 배치한다.

⑥ 침실 문은 아동이 쉽게 사용할 수 있는 것으로 설치한다. 그리고 침실 또는 아동실에서도 다른 가족의 기척을 느낄 수 있는 문을 설치한다.

⑦ 침실의 벽과 바닥은 방염처리나 더러움을 덜 타는 마감재로 처리한다. 그리고 잘 미끄러지지 않고, 탄력이 있는 바닥재를 사용한다.

⑧ 높은 위치에 콘센트를 설치하거나 안전 덮개가 있는 것을 사용한다.

⑨ 포름알데히드 등의 유독가스가 발생하지 않는 마감재, 문, 가구 등을 설치한다.

5) 현관

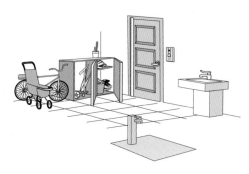

- 현관 부근에 손 씻는 세면대 설치
- 옥외에 수전 설치
- 비디오 도어폰 설치
- 현관문에 손 끼임 방지 장치
- 옥외에서 사용하는 놀이도구나 유모차 등의 수납공간 확보

45 디자인 사례 : 현관

① 현관은 실내와 실외를 잇는 공간으로 범죄나 사고의 예방, 흙이나 먼지 등의 실내 유입 방지, 드나들기 편리한 공간으로 계획해야 한다.

② 적절한 크기의 현관을 계획한다.

③ 외부에서 사용되는 자전거나 유모차 등은 현관에서 수납할 수 있도록 공간을 확보한다.

④ 밖에서 놀다가 옷이나 신발 등에 묻은 진흙, 놀이 도구 등을 씻고 집 안으로 들어올 수 있도록 세면대 등의 물 사용 공간을 현관이나 진입로 등의 옥외공간에 설치한다.

⑤ 집합주택에는 현관 인근의 공용공간에 손 씻는 세면대를 설치하면 좋다.

⑥ 현관에서 신발을 벗고 실내로 들어가는 우리의 생활양식에서는 현관의 단차를 완전히 제거하는 것이 불가능하므로 현관의 단차는 18cm 이하로 조절한다. 그리고 단차가 있는 부분에는 발판 등을 설치하고 보조손잡이를 설치하여 쉽고 편하게 출입할 수 있게 한다.

6) 수납

① 수납은 아동이 올라서거나 가구가 넘어지는 등의 사고를 예방하면서도 가사의 부담을 줄일 수 있도록 해야 한다.

② 각 실이나 공간의 성격에 따라 적절한 수납방법, 설치장소, 설비, 수납물 등을 고려해야 한다.

③ 편리한 수납공간을 적재적소에 마련한다. 각 공간별로 필요한 물품은 그 공간 안에서 수납될 수 있도록 다양한 수납공간을 확보한다.

④ 육아기에는 장보기가 용이하지 않으므로 필요한 물품을 미리 적당량 구입하

[노트 7] 현관 디자인

1. 다양한 형태와 크기의 현관

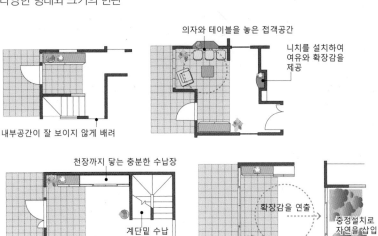

의자와 테이블을 놓은 접객공간

니치를 설치하여 여유와 확장감을 제공

내부공간이 잘 보이지 않게 배려

천장까지 닿는 충분한 수납장

계단밑 수납

확장감을 연출

중정설치로 자연을 삽입

2. 단차 처리

단차는 최소 18cm 이하가 되도록 하고, 손잡이를 설치하여 쉽게 출입할 수 있게 한다.

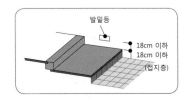

발밑등

18cm 이하
18cm 이하
(접지층)

단차가 18cm 이상으로 높을 경우에는 중간 발판을 설치하여 단차를 최소로 하고

바닥의 색, 질감, 패턴 등을 달리하여 단차 유무를 쉽게 알 수 있도록 한다.

여 수납할 수 있도록 부엌 인근에 수납공간을 확보한다.

⑤ 거실에서 주로 생활하는 아이의 장난감 등을 아이 스스로 수납할 수 있도록 디자인된 수납을 확보한다. 아이의 손이 닿지 않는 높이의 수납공간은 아이에게 위험하거나 관계없는 물건 등을 수납하도록 한다.

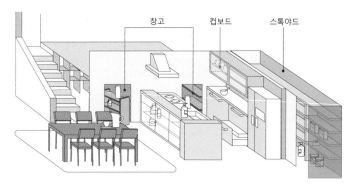

46 수납공간의 종류

7) 복도·계단

① 복도·계단은 아동이 좋아하는 공간으로 미끄럼이나 낙상 등의 사고발생이 잦은 곳이므로 안전성을 충분히 배려해야 한다.

② 아동의 모습을 쉽게 볼 수 있도록 배치한다.

③ 아동의 그림이나 사진 등을 전시, 장식할 수 있는 장소를 설치한다.

④ 잘 미끄러지지 않고 탄력이 있는 바닥재를 사용한다.

⑤ 계단에서 떨어지거나 미끄러짐 등의 사고 예방을 위해 계단참, 계단난간 등을 설치한다.

⑥ 위험한 장소에는 안전 펜스를 설치한다.

8) 단독주택의 대문·마당

① 단독주택의 대문·마당은 아동, 또래친구, 부모, 이웃 등 사람들이 편하게 만나고 이야기하고 노는 등의 사회생활이 이루어지고 사계를 느끼며 자연을 체험할 수 있는 공간으로 계획한다.

② 화장실이나 수납 등 편리성을 배려한다.

③ 아동이 안전하게 놀 수 있는 마당이나 공간을 확보한다.

④ 마당에 수전을 설치하고 현관과 가까운 곳에 손 씻는 세면공간을 둔다.

⑤ 자전거를 두는 장소를 확보한다.

⑥ 옥외에서 사용하는 놀이도구나 유모차 등의 수납공간을 확보한다.

9) 집합주택의 공용현관

① 집합주택의 공용현관은 범죄나 사고 예방, 비바람, 흙먼지 등의 실내 유입 방지 등을 고려해야 하며, 관리인의 배치나, 방범 설비, 자전거 두는 장소, 수납공간 등 집합주택의 공공서비스에 양육세대의 요구를 반영하는 것이 중요하다.

② 집합주택의 공용현관에 유모차 등을 고려한 경사로를 설치한다.

③ 자전거 두는 장소를 인접하게 배치하고, 옥외에서 사용하는 놀이도구나 유모차 등의 수납공간을 배려한다.

④ 집합주택의 옥외공간에 수전을 설치하고, 현관 근처에 손 씻는 세면공간을 둔다.

⑤ 자동 잠금, 방범 카메라 등을 설치한다.

10) 집합주택의 공용복도·계단·엘리베이터

① 집합주택의 공용복도·계단·엘리베이터는 넘어지거나 떨어지는 등의 안전사고를 예방할 수 있도록 계획되어야 한다.

② 아동도 이용할 수 있도록 아동의 신체크기에 맞는 설치 높이나 조작방법 등을 고려하여, 아동이 사용 가능한 위치에 버튼·조작판 등을 설치한다.

③ 계단에서 떨어지는 등의 안전사고를 예방 가능한 계단참이나 난간 등을 설치한다.

④ 떨어질 위험이 있는 장소에는 안전난간을 설치하고, 딛고 올라서는 발판이 생기지 않도록 한다.

⑤ 대피로에는 아동이 쉽게 사용할 수 있는 문을 설치하고 쉽게 인지할 수 있는 정보를 제공한다.

⑥ 방범 카메라 등을 설치한다.

마을과 지역사회 만들기

아동은 생활의 기반인 마을과 지역사회에서 일상생활을 하며 주변 환경을 보고 느끼고 경험하면서 많은 것들을 자연스럽게 배우고, 또래에서 노인에 이르기까지 다양한 사람들과 만나고 관계를 맺으면서 성장한다.

그러나 지난 반세기 동안 일상생활이 이루어지는 마을은 자동차 중심의 환경으로 변화하여 아동이 안전하게 놀거나 다닐 수 있는 환경이 축소되고, 몸을 움직이는 직접체험보다 전자·미디어 등을 이용한 간접체험 시간이 증가하면서 실외보다 실내에서의 활동이 많아지고 있다. 그로 인해 오늘날의 아동들은 체력 및 운동량이 저하되고 있으며, 친구관계를 형성하며 함께 노는 방법을 모르는 경우가 많아지고 있다. 또 마을과 지역사회의 이웃들과 친밀한 관계를 맺으면서 자연스럽게 배우고 신체적·정신적으로 건강하게 성장할 수 있는 기회도 잃어가고 있다. 이러한 아동과 관계된 사회적·물리적 환경의 변화, 즉 결핍과 상실의 환경은 다른 아동을 대상으로 하는 집단 따돌림이나 괴롭힘과 같은 범죄, 은둔형 외톨이, 자살 등의 급격한 증가를 불러오고, OECD 국가 중 최저수준의 아동·청소년 주관적 행복지수를 보이는 등 '아동의 총체적 위기'라고도 할 수 있는 심각한 현상의 주요 원인이 되고 있다.

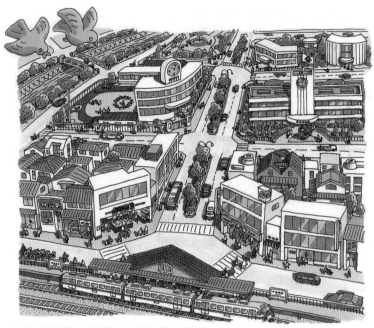

자료 : '우리 마을에 있는 각종 시설'. 고베 어린이 마을 만들기 교본.

1 일본 고베의 마을 만들기 교본　　일본 고베 시는 마을 만들기 교본을 개발하여 어린이
들이 학습하게 함으로써 자신이 속한 지역사회에 대한 애착과 자긍심을 높여주고 있다.

　그러므로 아동이 또래와 함께 마을과 지역사회에서 안전하게 놀고, 생활하며 다
양한 사람들을 보고 만나는 과정에서 여러 가지 생활의 지혜를 배우고 익힐 수 있
도록 마을과 지역사회 환경을 조성하는 것은 아동을 미래사회의 건강한 시민으로
성장시키기 위해 무엇보다 중요하다.

　아동이 신체적·정서적·사회적으로 건강하게 성장할 수 있는 눈높이 맞춤의 마
을과 지역사회를 만들기 위해서는 건축구성, 도시계획 등 하드웨어 측면의 정비뿐
아니라 '사람들이 생활하는 장소인 '거리'에서 일어나는 지역의 모든 활동 같은 소
프트웨어 측면까지 폭넓은 분야에서 접근해야 한다. 그리고 이때는 아동이 직접
참여하게 하여 그들의 관점에서 접근하는 것이 중요하다. 지금까지 도로나 공원을
비롯한 거리를 구성하는 시설이나 공간을 정비할 때 어른들의 시각에서 대부분
진행되어 왔다. 그러나 아동과 관련된 문제나 과제는 아동 자신밖에 발견할 수 없
는 것들이 많이 존재하고, 그 해결방법 또한 아동만이 가능한 독특한 발상에서 찾
을 수 있는 게 많으므로 마을 만들기에 아동의 참여가 매우 필요하다.

1. 기본 고려사항

아동이 신체적·정신적·사회적으로 건강하게 성장하는 마을과 지역사회를 만들기 위해서 반드시 고려해야 할 기본사항들을 아래에 정리하였다. 또한 마을과 지역사회 만들기의 디자인 포인트도 함께 소개한다.

1) 건강하고 쾌적한 환경 : 아동이 옥외에 나가고 싶어지는 환경 만들기

아동이 건강하게 자라면서 훗날 좋은 추억으로 기억할 수 있는 지역사회를 조성해야 한다. 유니세프 아동친화도시의 권리협약에서도 건강하고 쾌적한 환경의 제공을 전제하고 있다. 즉 마을과 단지를 포함한 지역사회에서 아동이 마음껏 뛰어놀고 이곳저곳 돌아다니면서 여러 사람들을 만나며 성장할 수 있도록 마을과 지역사회를 건강하고 쾌적한 환경으로 만듦으로써 더욱더 여유롭고 질 높은 삶을 영위할 수 있도록 해야 한다.

2 사람들이 걷는 길과 자전거도로가 공원과 함께 계획되어 있어 사람들의 다양한 활동과 교류의 장소가 된다.

(1) 마음의 여유를 키우는 공간

① 공터나 휴경지, 정원 등을 활용하여 멀리 떨어진 공원까지 가지 않고도 아동이 마을에서 자유롭게 놀고 자연을 접하게 한다. 또 마을주민과 함께 자연스럽게 머무를 수 있는 공간을 제공하여 마을주민 누구라도 아동의 움직임을 볼 수 있도록 한다.

② 마을 내 차량 통행을 제한하여 마을 안길을 안전하게 다니거나 머물 수 있게 한다.

3 보행자만을 위한 마을 안길은 작은 정원이나 놀이터, 공원과 함께 조성하여 아이들이 안전하고 자유롭게 놀 수 있도록 해야 한다.

(2) 아동이 안심하고 머무르는 장소

① 지역시설의 중앙 또는 그 주위 등 지역주민들의 눈길이 항상 미치는 열린 공간을 아동이 안심하고 놀거나 머무를 수 있는 장소로 제공한다.

② 안심하고 머무를 수 있는 장소는 아동이 이용하기 쉽고 친숙한 공간으로 조성한다.

4 아동의 놀이를 우선하는 도로로, 차량 진입은 금지되어 있다. 만약 급한 용무로 차량이 진입을 해야 하는 경우라면 아동의 놀이를 방해하지 않도록 최대한 느리게 운행한다. 마을 입구에는 아동을 위한 도로임을 알리는 안내판을 설치한다.

2) 즐겁고 편리한 환경 : 자유롭게 놀 수 있는 환경 만들기

아동은 자유로운 놀이를 함으로써 창의적인 발상이 가능해지며, 미지의 세계를 탐색하거나 모험함으로써 창조적 활동을 펼치게 된다. 특히 옥외공간에서의 놀이는 대부분 온몸을 움직이는 신체활동이며, 또래들과 함께하는 집단활동이다. 따라서 아동이 바깥에서 자유롭게 뛰어놀 수 있다는 것은 아동의 운동기능 향상뿐 아니라 사회성 발달을 위해서도 매우 중요하다. 그러므로 아동을 위한 마을 만들기에서는 아동이 자유로운 발상으로 새로운 놀이나 활동을 만들 수 있는 장소, 안심하고 뛰어놀 수 있는 장소 등을 마련하는 것이 무엇보다 필요하다.

(1) 창조성을 키울 수 있는 공간

① 아동의 협동성이나 창조성을 기르기 위해서는 흙, 물, 식물, 수목 등의 자연환경을 살려 스스로 자유롭게 놀이를 만들어 낼 수 있는 공간이 필요하다. 2014년 환경부는 '생태놀이터 조성 가이드라인'을 통해 자연생태학습·체험 및 정서발달 도모 등을 위한 생태놀이터를 제안하고 있다.

② 정형화된 놀이기구보다는 자연소재의 나무나 흙 등 자연물을 이용하여 자유롭게 놀이를 만들 수 있도록 한다. 그리고 아동 스스로 판단할 수 없는 위험요소가 제거된 놀이기구를 설치하는 것이 무엇보다 중요하다.

(2) 놀이의 전승, 지도

① 여러 연령의 아동이 서로 어울려 자유롭게 다양한 놀이나 체험을 할 수 있게
  한다.

② 어른이 함께 있으면서 아동을 지켜보거나 놀이를 도와줄 수 있어야 한다.

③ 지역의 어른이 놀이지도자가 되어 자연 속에서 노는 방법이나 전통놀이를 전
  달할 수 있는 프로그램을 개발해 함께 운영하는 것이 바람직하다.

5 자연에서 아이들은 무한한 상상력을 발휘하여 그들만의 놀이를 창조한다. 하네기 플레이파크의 놀이 지도사들처럼 아이들과 함께 놀아주는 어른이 옆에 있다면 아이들은 놀이를 통해 창의력과 사회성을 키울 수 있다.

(3) 누구나 이용하기 쉬운 매력적인 공원

① 아동에서 노인에 이르기까지 다양한 연령대의 사람들이 이용하는 공원은 지
  역주민 모두가 이용하기 편리한 휴식의 장소가 되도록 정비한다.

② 아동에게 매력 있는 공원이 되기 위해서는 적절한 놀이기구나 시설 등을 최
  소로 설치하고, 아동이 자유롭게 뛰어놀 수 있는 광장을 조성한다.

3) 안전한 환경 : 아동이 안전하게 외출할 수 있는 환경 만들기

아동은 주로 마을이나 단지의 도로, 마을 안길을 걸어 다니거나 자전거를 타거
나 또래 아동들과 놀이를 하는 등의 바깥활동을 한다. 그러므로 마을과 지역사회
의 도로 또는 길이 아동에게 안전한 공간이 되어야 한다. 그러나 대개의 마을과
지역사회의 도로 또는 길들은 차량의 통과로 안전사고의 위험이 매우 크며, 도로

정비도 보행자 중심이 아닌 차량 중심으로 이루어지고 있다. 이로 인해 집 주변이나 학교 인근에서 아동의 교통사고가 많이 발생하며, 최근 들어 유괴나 성범죄 등의 피해도 증가하고 있어 마을과 지역사회에서의 아동 안전이 크게 위협받고 있다. 따라서 마을과 지역사회 내 도로나 길은 안전한 보행 공간인 동시에, 지역주민들과의 자연스러운 만남이 이루어지는 장소로 만들어 안전하게 외출할 수 있는 환경으로 조성하여야 한다.

(1) 즐겁고 안전한 보행공간

① 아동이 안심하고 즐겁게 걸어 다니거나 자전거를 타고 다니도록 차량 통행량이 많은 도로나 길은 보행로와 자전거도로를 분리하는 것이 바람직하다.
② 어두운 도로에서는 교통사고나 범죄의 위험이 높으므로 가로등이나 방범등 같은 정비나 도로변 상가의 한등 켜기 등을 시행해 보행공간을 밝게 한다.

(2) 차량의 통행 억제

통학로나 마을 내 도로를 통행하는 차량의 속도를 제한하고 과속방지턱, 차도 폭의 축소, 곡선 도로 설치, 속도저감 바닥재 등 차량의 속도를 자연스럽게 감소시키는 대책이 필요하다.

6 네덜란드는 '생활의 터전(Street for living)'이라는 의미의 본에르프(Woonerf) 시스템을 기본으로 사람 중심의 마을 만들기를 진행하고 있다. 이 시스템은 독일, 영국 등에서도 적용하고 있다.

(3) 아동의 방심 또는 호기심이 사고로 연결되지 않는 안전한 공간 만들기

아동은 주위를 살피지 않고 뛰어가거나 놀이기구 틈새로 들어가는 등의 위험한 행동들을 한다. 따라서 아동들이 주로 이용하는 공간은 이러한 아동의 위험한 활동으로 인해 안전사고가 발생하지 않도록 세심하게 환경을 조성한다.

7 안전난간을 설치하여 아동이 갑자기 도로로 뛰어들어 사고가 나는 것을 방지한다.

8 놀이터 기구에서 발생할 수 있는 아동 안전사고 사례

(4) 지역주민의 관심과 돌봄

① 아동이 마을과 지역사회에서 안전하게 자라기 위해서는 지역주민들의 관심과 참여가 매우 중요한데, 이를 위해서는 아동이 많이 다니는 통학로나 공원, 놀

9 지역주민들이 아이들을 지켜볼 수 있도록 마을카페 또는 다목적공간이 아동의 옥외활동공간으로 열려 있다.

이터 등을 지역주민들이 관심을 가지고 자연스럽게 지켜볼 수 있어야 한다.

② 지역주민들이 집 주변이나 마을을 둘러보고 아동과 함께 놀거나 하는 등 지역에 관심을 갖게 되면 자연스럽게 아동을 지키는 것이 가능하게 된다.

③ 경찰서, 소방서 등 지역사회의 안전을 담당하는 기관과 담당자들이 직접 찾아가는 교육을 실시한다.

④ 지역별로 아동안전교육을 담당하는 시설을 설치하여 '안전'을 위한 대처방안을 몸으로 익혀 실천하게 한다.

4) 바람직한 관계를 촉진하는 환경 : 아동을 위한 마을 만들기

아동에게 건강한 환경은 아동뿐 아니라 지역주민 모두에게 안전하고 쾌적한 환경이 될 수 있으므로 가정, 학교 등 아동과 직접 관련된 특정 당사자나 기관에 제한하지 말고 지역 전체가 각각의 입장에서 이해하고 실천하여 바람직한 관계를 촉진해 가는 것이 중요하다. 그리고 이에 대한 지역주민들의 이해와 의식이 우선되어야 한다.

[노트 8] 지역사회와 학교가 함께 건강한 아이키움에 앞장선 진안군 마령면

전라북도 진안군 마령면의 마령초등학교 학부모와 교사들은 '학교 속 마을, 마을 속 학교'라는 마을교육공동체'를 꿈꾸며 첫발을 내딛고 있다.

처음 시작은 2012년 마령초등학교를 중심으로 한 배드민턴과 퀼트 학부모 동아리, 2013년 마령초등·중학교 학부모 동아리에서 비롯되었으며, 2년간 운영된 학부모 동아리는 교사와 학부모, 학교와 지역이 친밀한 관계를 맺는데 성과가 있었다.

마령면의 학부모들은 전주와 같은 도시가 아닌 자연과 공동체가 있는 농촌지역에서 아이들이 성장하는 것을 목표로 마령면에서 거주하고 있다. 지속가능한 '돌봄과 배움의 공동체'로 발전하기 위해 학부모회 자체적으로 역량 강화를 위한 토론회와 교육을 시행하고, 마을의 아이들을 위한 교육 프로그램 운영을 위하여 직접 공모사업 신청들을 통해 지원금을 지원받는 등 지속적인 노력을 하고 있다.

현재는 마령면의 학부모회를 중심으로 전라북도 교육청에서 추진하는 2014년, 2015년 주민참여제안사업을 신청하여 아이들은 물론 지역주민과 함께하는 프로그램을 운영하였으며, 2014년에는 프로그램에서 모여진 자료를 모아 마을이야기책을 만들고 이를 마을교과서로 활용할 계획을 가지고 있다.

현재는 교육청, 농어촌 희망재단, 진안군청 등 다양한 창구를 통한 지원으로 방과 후 마을학교를 운영하고 있으며, 앞으로 마을학교를 확대·운영할 계획을 가지고 있다.

또한 농촌중심지활성화 사업을 통해 2018년까지 작은 도서관, 창의놀이터, 공부방 등을 조성하여 마을과 학교가 함께 아이를 건강하게 성장시키려는 노력을 이어가고 있다.

10 지역사회와 학교가 함께 건강한 아이키움에 앞장선 진안군 마령면

(1) 아동을 위한 마을 만들기에 대한 지역주민의 이해 및 참여

아동을 위한 마을 만들기는 지역주민, 행정, 관계 기관 등 다양한 주체들이 서로 협력하여 진행해 나가는 것이 중요하다. 즉, 단순히 아동을 위한 도로나 놀이터 등의 물리적 환경만을 정비하는 것이 아니라, '아동을 위한 마을 만들기 진행과정'에 아동과 지역주민, 관계자 등이 함께 참여하는 것이 중요하다. 여러 연령대의 사람들이 참여함으로써 아동은 다양한 연령대의 사람들과의 관계를 자연스럽게 형성할 수 있다.

(2) 지역주민과 아동이 만나는 기회 제공

지역의 여러 사람들과의 인간관계를 돈독하게 하기 위해 '인사하기'나 '지역의 위험한 장소 점검하기' 같은 활동을 함께함으로써 서로 자연스럽게 만날 수 있는 기회를 제공한다.

(3) 지역사회 내 자원봉사 활동 기회 제공

'마을 청소하기'나 '꽃 가꾸기' 같은 지역 활동에 봉사활동으로서 참여하게 되면, 아동은 지역사회의 한 일원으로서 참가하는 기쁨과 성취감을 얻을 수 있다.

5) 문화의 지속성과 아동문화를 조장하는 환경

아동은 마을과 지역사회에서 또래아동끼리 또는 어른과 함께 자연체험이나 사회체험 등 다양한 경험을 반복하는 가운데 많은 것을 배우게 되며 아동 자신만의 문화를 형성하게 된다. 즉 마을이나 지역사회 내에 있는 강이나 숲, 공원 등의 자연자원을 활용하여 아동이 자연을 체험할 수 있도록 하고, 공공시설 등을 이용한 지역사회에서의 교류를 활성화하여 사회체험을 다양하게 하도록 하여 아동의 경험을 풍부하게 만드는 환경으로 조성하는 것이 바람직하다.

(1) 자연과 문화 속에 배우고 아동 공간

지역사회 내의 산이나 언덕, 하천, 숲 등 사람들에게 친근한 자연자원을 활용하여 아동이 자연과 접하고 머무르면서 놀 수 있는 공간으로 조성한다.

(2) 지역시설을 활용한 아동 공간

아동이 밖에서 활동하기 위해서 언제나 아동이 모일 수 있는 장소로서 놀이터나 아동센터뿐만 아니라 지역에 있는 공공기관이나 복지시설 등을 아동이 이용할 수 있는 장소로 활용하는 것이 필요하다. 그리고 평상시 어른이 이용하는 커뮤니티 시설 등을 아동도 함께 이용할 수 있도록 하여 지역주민과 자연스럽게 만날 수 있도록 한다.

11 아이들은 하천, 도심의 광장이나 공원, 도서관 등에서 자연과 문화를 느끼고 자신의 가치관을 자연스럽게 형성한다.

(3) 지역 특성의 보존을 통한 지역문화 전승

지역의 역사, 문화, 자연 자원을 활용할 수 있도록 지역에 있는 역사적 건물이나 식재, 전통놀이나 축제 등을 훼손하지 않고 잘 보존하여 지역 역사를 경험한 연장자와 어린 아동이 서로 공감하고 공유할 수 있도록 한다. 이는 지역의 경험과 지혜를 자연스럽게 전승하는 중요한 역할을 한다.

12 전통축제나 사원, 지역 역사를 담고 있는 오래된 건물 또는 지역 이야기가 그려진 벽화 등은 아동과 어른들이 함께 어울려 서로 공감할 수 있는 기회를 제공한다. 이 과정에서 자연스럽게 지역의 문화가 아동에게 전달된다.

2. 마을과 지역사회 디자인 포인트

1) 가로 환경

(1) 보행자가 쾌적하고 편리하게 이용할 수 있는 가로환경 조성

13 보행공간의 연속성 확보를 위한 계획방안

① 전면 도로와 택지 간의 높낮이 차이 및 보도와 차도의 단차를 없애고, 도로의 구배를 가능한 한 완만하게 하며, 보행폭(보도 유효폭)을 확보하고 적절한 바닥마감재를 설치하는 등 유모차, 자전거 등도 안전하고 편리하게 이동 가

14 보도와 차도의 높이가 같고, 넓은 보도는 유모차나 자전거가 안전하게 다닐 수 있으며, 횡단보도의 색을 선명하게 하여 차도와 명확하게 분리하고 있다.

15 주택과 보도에 단차가 없어 아이들이 자전거나 보드 등을 타고도 쉽게 드나들 수 있다.

능하도록 한다.

② 보도와 차도는 색, 재료, 패턴 등을 다르게 하여 명확하게 분리되게끔 한다. 특히 아이들의 통학로는 차도와 명확하게 분리하고, 충분한 공간을 확보하며, 화단이나 안전난간 등을 설치하여 차량의 침입을 방지한다.

③ 아동이 스케이트나 스케이트 보드, 자전거 등을 이용해 이동 가능한 도로 및 레인을 정비한다.

④ 화단이나 안전난간 등의 시설물은 정해진 구역 내에 설치한다.

(2) 아동과 가족이 주로 이용하는 주거지역 내 도로를 자동차 사고의 위험이 없는 안전한 보행환경으로 조성하고 만남의 장소로 활용

① 통학로나 주거지역 내 도로에서의 차량 주행속도를 제한하고 일방통행로로 조성하거나 험프, 과속방지턱, 속도저감 바닥재, 차도 폭의 축소 등 차량 속도를 자연스럽게 저감시키는 다양한 방법들을 적용한다.

② 루프 도로나 쿨데삭*과 같은 가로 형태로 조성하거나 본에르프(네덜란드 말로 '생활의 도로'를 의미), 돌출 화단 등을 설치하여 보행자의 안전을 확보한다.

③ 생활도로 내를 가로질러 다니는 통과차량의 진입을 가능한 배제한다.

---

* cul-de-sac, 프랑스 말로 '막다른 골목'을 의미함.

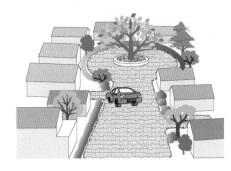

16 쿨데삭　　막다른 골목으로 되어 있어 거주자나 관련 차량 이외의 차량 통행을 억제해 안전한 가로 환경을 확보한다.

 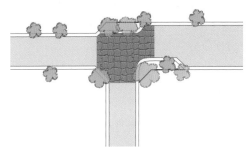

17 본에르프　　보행자와 자동차가 함께 사용하는 보차 융합형의 도로로, 자동차가 속도를 내지 못하도록 일부러 크랭크(구불구불한 길)하거나 화단을 설치한다.

(3) 통학로나 교차점 등에는 보행자와 운전자 모두의 주의 환기

① 많은 아동들이 이용하는 통학로나 전방의 시야 확보가 어려운 교차점 등에는 보행자와 자동차 운전자 모두의 주의를 환기하는 신호나 도로표식, 노면 표시 등이 필요하다.

② 신호 시간은 걸음이 느린 아동의 보행 속도를 배려해야 한다.

③ 특히 아동은 주위를 살펴보지 않고 갑자기 골목에서 튀어 나오거나 도로를 뛰어 건널 수 있으므로 안전난간 또는 안전거울 설치 등을 고려해야 한다.

(4) 범죄예방설계기법을 도입

① 어두운 도로에서는 교통사고나 범죄 발생률이 높으므로 야간 안전을 위하여 가로등이나 방범등 등의 적절한 조명을 설치하여 보행공간을 밝게 한다.

② 마을의 어른들이 아이들의 등하교 시간에 나와 머물 수 있도록 쉼터나 화단 등을 조성한다.

2) 공공공간·공공시설

어린 아동은 집 근처에서 노는 경향이 있으므로 집이나 집합주택의 입구와 가까운 곳에 영유아를 위한 놀이터, 미니 공원 등 다양한 공공공간을 설치한다.

그리고 지역 커뮤니티 활동의 장소가 되는 놀이터, 광장, 공원 등의 공공공간은 어른들이 지켜보는 가운데 아동들이 안전하게 놀 수 있는 환경이 되어야 한다. 따라서 아동뿐 아니라 어른도 단지나 마을에서 다양한 활동을 할 수 있도록 환경을 조성한다.

(1) 다양한 공공공간 설치

① 현관 앞 공간에는 날씨와 상관없이 어린 아동들이 놀 수 있도록 지붕이 있는 공공공간을 계획하되, 어른들이 놀고 있는 아동을 지켜볼 수 있도록 앉을 수 있는 공간도 제공한다.

② 공공공간에는 아동을 위한 독립된 놀이 공간을 계획하고, 화장실 이용이 쉽도록 한다.

③ 놀이터나 공원 등 아동이 이용하는 공공공간에는 장난감 차 또는 자전거와 같이 바퀴달린 놀이기구를 탈 수 있도록 콘크리트나 아스팔트 등 딱딱한 바닥재를 사용한다.

④ 보드게임 및 트럼프가 가능한 편평한 공간을 가진 계단이나 포치를 설치하고, 아동의 신체 크기에 맞는 의자와 테이블을 설치한다.

⑤ 20~100호마다 하나의 광장을 설치한다. 여러 개의 클러스터가 생길 경우에는 각 클러스터마다 설치하고 모든 주택에서 관찰이 가능하도록 한다.

⑥ 2~3명의 아동이 안전하게 놀 수 있도록 충분한 공간을 확보한 어린이용 작은 광장(Tot lot)을 설치한다.

[노트 9]　작은 광장(Tot lot)의 디자인 방법

- 따뜻한 계절에는 낮 동안 햇빛이 잘 들고 비바람을 피할 수 있는 장소에 설치하되, 더운 여름에는 그림자가 생기도록 한다.
- 어른들이 집에서 가사작업을 하거나 쉬면서 작은 광장에서 놀고 있는 아이들을 볼 수 있는 위치에 설치한다.
- 다양한 수준의 도전 기회가 제공되는 미끄럼, 그네 등의 놀이기구를 설치하되, 각 놀이기구당 90 $m^2 \sim$ 370m^2 정도의 면적을 확보할 수 있도록 한다.
- 모래놀이 공간에는 수전과 배수설비를 갖추고, 모래가 외부로 넘어가지 않도록 단을 설치한다.
- 작은 광장 주위로는 자전거나 롤러블레이드 등을 탈 수 있도록 단단한 바닥의 보도 겸 자전거길을 설치한다.
- 놀고 있는 아이들을 지켜보고 있는 어른들을 위해 편안한 벤치를 광장을 향하도록 배치하고 나무, 그늘막, 지붕 등을 설치하여 쾌적한 공간으로 조성한다. 그리고 어른들끼리 대화할 수 있도록 배치한다.

18　안전교육 후 자전거 시험을 통해 아이들에게 안전에 대한 의식을 심어주고 있다.

19　작은 광장을 둘러싸고 있는 단위세대(주택)에서 바로 아동들의 모습을 관찰할 수 있도록 되어 있다.

20 단지 안이나 광장에 아이들을 위한 놀이 공간을 두어 어디서든지 아이들을 관찰할 수 있다.

(2) 아동과 청소년의 특성에 적합하도록 공간 및 설비

① 아동과 청소년의 성장단계에 적합하고, 장애가 있는 아동들도 함께 어울릴 수 있으며, 남녀별로 공평한 기회를 제공하는 놀이 및 휴식공간을 제공한다. 그리고 어른 또는 형제자매 등 다른 연령대와 함께 이용할 수 있도록 공간을 조성하고, 활발하게 운동할 수 있는 장소를 확보한다.

② 아동의 협동성이나 창조성을 기르기 위해서는 놀이 도구나 흙, 물, 식물, 수목 등의 자연환경을 살려 자유롭게 놀이를 만들어 낼 수 있는 공간이 필요하다. 이때 놀이도구는 안전사고의 위험이 있거나 아동이 판단 불가능한 것은 설치해서는 안 된다.

21 지역사회는 영유아뿐 아니라 청소년들의 활동에 적합한 장소를 제공해야 한다.

(3) 아동과 지역주민이 함께 이용

① 아동뿐만 아니라 누구나 쉽게 이용할 수 있고 매력적이고 흥미로운 크고 작은 공원, 놀이터, 앉을 수 있는 장소를 단지 또는 마을 곳곳에 균형있게 설치하고, 서로 연결되도록 배치하여 거리 전체, 혹은 지역 전체가 아동의 다양한 놀이와 활동이 가능한 환경으로 조성한다.

② 놀이터나 공원들을 안전하게 이동할 수 있는 길을 조성하고, 그 길가에 있는 건물의 공개 공지나 작은 광장 등에서 놀거나 쉴 수 있는 장소로 활용할 수 있도록 한다.

③ 아동이 모여 놀 수 있는 놀이터, 공원, 광장 등은 놀이 등으로 발생하는 소음을 감소시키고 울려 퍼짐을 최소화하는 재료와 식재 등을 사용하여 아동의 즐거운 놀이를 보장하면서 조용하고 편안한 환경이 되도록 한다.

④ 공공공간은 가급적 자연환기가 충분히 될 수 있도록 하고 어느 경우에든 은폐된 공간이 생기지 않도록 한다.

⑤ 아동이 쉽게 접근할 수 있는 곳에 녹지를 조성하고, 지역 특성을 고려하여 분수대, 실개천, 연못, 비오톱 등의 수경공간을 계획한다.

⑥ 다양한 형태의 앉을 수 있는 장소를 계획하되 그 지역의 미세기후를 고려하여 배치하고, 햇빛이 잘 드는 의자나 그늘에 설치된 벤치 등 요구에 따라 선택할 수 있도록 한다.

22 독일의 친환경 생태도시 보봉은 이전부터 있던 녹지를 보존하여 아이들이 자연 속에서 놀 수 있도록 계획하였다.

23 아동의 놀이터 아동에게는 놀이터뿐 아니라 거리 전체가 놀이 장소가 되도록 한다.

(4) 일상생활에서 아동이 자주 이용하는 공공시설들은 인접하게 배치

① 아동들이 걸어 다니면서 마을과 지역주민들을 접하고 공간감을 익힐 수 있
　도록 아동의 도보권 내에 학교, 유치원, 어린이집 등의 교육기관과 병원, 쇼핑
　센터, 역이나 버스 정류장, 아동용 도서관, 식당, 아동놀이시설 등 생활편의시
　설들을 위치시키는 것이 중요하다.

② 지역 곳곳에 아동뿐 아니라 누구나 사용하기 쉽고 안전한 화장실을 설치한다.

③ 지역에 있는 주민센터, 노인복지시설, 대학 등 평상시 어른이 사용하는 커뮤
　니티시설을 아동이 이용할 수 있도록 활용하여 자연스럽게 아동과 지역주민
　들이 만날 수 있도록 한다.

24 공원이나 광장에 바닥분수, 실개천, 연못, 펌프 등 물놀이를 할 수 있는 공간을 두거나 벤치에 바둑판
을 결합하여 아이들에게 흥미로운 장소가 되고 있다.

1. 이연숙(1998). *실내환경심리행태론*. 연세대학교 출판부.

2. 임승빈(2008). *환경심리와 인간행태-친인간적 환경 설계연구*. 도서출판 보문당.

3. 최목화·변혜령(2007). 실외놀이터환경과 아동의 놀이행동에 관한 사례연구-서울지역 어린이집을 중심으로-. *한국주거학회논문집*. 제18권 3호.

4. 최목화·변혜령(2007). 아동보육시설의 실외놀이 환경 디자인지침 개발 연구. *한국생활과학회지*. 제16권 4호.

5. 최목화·최경숙·변혜령·김영애·주서령·나종혜·손승희·조정신 공역(2009). *보육시설 환경디자인*. 교문사.

6. 최목화·최병숙·유옥순·박선희·이정희·박경옥(2002). *보육시설 공간디자인*. 서울: 창지사.

7. 통계청. 2016년 11월 고용동향 보도자료.

8. Alexander, C., Ishikawa, S., & Silverstein, M. (1977). *A pattern language*. N.Y.: Oxford Univ. Press.

9. Bayes, Kenneth(1967). *The Therapeutic Effect of Environment on Emotionally Disturbed and Mentally Subnormal Children*. The Gresham Press.

10. Bronfenbrenner, U. (1979). *The Ecology of Human Development: Experiments by Nature and Design*. Cambridge, MA.: Harvard University Press.

11. Ceppi , Guilio and Zini, Michele(1998). *Children, Spaces, Relations: Metaproject for an Environment for Young Children*. Reggio Children.

12. Cooper Marcus, Clare (1995). *House As a Mirror of Self*. Conari Press.

13. Day, C. & Anita Midbjer(2007). *Environment and Children*. Architectural Press.

14. Dubos, R.(1973). *The Biological Basis of Urban Design*. Ekistics April 1973, quoted in Venolia, C.(1988) *Healing Environments*. Celestial Arts.

15. Dudek, M.(1996). *Kindergarten Architecture*. E & FN Spon.

16. Dudek, M.(2000). *Architecture of Schools*. Architectural Press.

17. Duvall, D., & Booth, A.(1978). *The housing environment and women' health*. Journal of Health and Social Behavior, 19(4), 410-417.

18. Evans, Chan, Wells & Saltzamn.(2000). *Housing quality and mental health*. Journal of Consulting and Clinical.

19. Evans, G.W., P.C.Marrero, and P.A. Bulter(1981). *"Environmental Learning and Cognitive Mapping."* Environment and Behavior(13)1: 83-104.

20. Fisk, D.W & Maddi, S.R.(1961). *Functions of Varied Experience* Homewood, IL: Dorsey.

21. Frost, J (1992). *Play and playscapes*, Albany, NY: Delmar Publishers Inc.

22. Frost, J(1997). *Creating play environment*, paper presented at the 5th International Conference of Samsung Welfare Foundation, Seoul.

23. Gardner, Howard(1983). *Frames of Mind- The Theory of Multiple Intelligence*. Harper Collins.

24. Gibson, J.J.(1966). *The Senses Considered as Perceptual Systems*. Boston: Houghton Mifflin.

25. Gibson, J.J.(1979). *The Ecological Approach to Visual Perception*. Boston: Houghton Mifflin.

26. Green, Jeff(2006). Sensing the world and ourselves. *New View*. Autumn.

27. Gulick, John(1973). "Images of an Arab City." AIP. 29(August): 179-198.

28. Günter Beltzig 저, 엄양선·베버 남순 역(2015). *놀이터 생각*. 소나무.

29. Harris, C.S.(1965). Perceptual adaptation to inverted. reversed. and displaced vision. *Psychological Review*. 72. 419-444.

30. Hebb, D.O. (1949). *The Organization of Behavior*. N.Y.: John Wiley.

31. Hein, A. (1980). *The development of visually guided behavior*. In C.S. Harris(Ed.). *Visual Coding and Adaptability*. Hillsdale. NJ: Erlbaum.

32. Heinrich, H.W., and E.R. Granniss(1959). *Industrial Accident Prevention*. United States of America: McGraw-Hill Book Company Inc.

33. Held, R.(1965). Plasticity in sensory-motor systems. *Scientific American*. 213(5). 84-94.

34. Heseltine, P. and Holborn, J.(1987). *Playgrounds: The planning design and construction of play environments*. London: Mitchell.

35. Hiss, Tony (1990). *The Experience of Place: A New Way of Looking at and Dealing with Our Radically Changing Cities and Countryside*. N.Y.: Vintage Books.

36. Holahan, C.J.(1982). *Environmental Psychology*. New York: Random House, Inc.

37. Ittelson, W.H., H.M.Proshansky, L.G.Rivlin, & G.H. Winkel.(1974). An Introduction to *Environmental Psychology*. Holt, Rinehart and Winston, Inc.

38. Jennings, Sue(1995). Playing for real. *International Play Journal* 3.

39. Jung, C.G.(1971). Psychological types(H.G. Baynes, Trans. revised by R.F.C. Hull). Vol.6 of the collected works of C.G. Jung (Original work publishedin 1921). Princeton, N.J.: Princeton University Press.

40. Kaplan, S.& R. Kaplan(1982). *Cognition and Environment: Functioning in an Uncertain World*. N.Y.: Praeger Pub.

41. Kong, L.(2000). Nature's dangers, nature's pleasures: urban children and the natural world. In Holloway, S. and Valentine, G., eds, *Children's Geographies: Playing, Living, Learning*. Routledge. Quoted in Enns, Cherie C.(2005) *Place for Children*. University College of the Fraser Valley.

42. Lerner, R.M.(1983). A "goodness of fit" model of person context interaction. In D. Magnusson & V.P. Allen(Eds.), Human Development: An Interactional Perspective. N.Y: Academic. 279-294.

43. Lillard, P. P(1972). Montessori–a Modern Approach. Schocken Books, quoted in Olds, A.R.(2001). *Child Care Design Guide*. The McGraw-Hill.

44. Lynch, Kevin(1976). *What Time Is This Place*. Cambridge: The MIT Press.

45. Linch, Kevin(1979). The Image of the City. Mass.: MIT Press.

46. Mariana Brussoni(2015). *Risky outdoor play positively impacts children's health: UBC study, Media Release*, International Journal of Environmental Research and Public Health University of British Columbia.

47. Meyerkort, Margaret (Unpublished). Kindergarten architecture and equipment. Compiled By Elvira Rychlak.

48. Meyerkort, Margaret and Lissau, Rudi(2000). *The Challenge of the Will*.

Rudolf Steiner College Press.

49. Moore, R.C.(1984). Animals on the environmental yard. *Children's Environments Quarterly*, 1, 43-51.

50. Moore, G.T. & Golledge, R.G. (1976). "Environmental knowing: Concepts and Theories." In Moore, G.T. & R.G. Golledge(Eds). *Environmental Knowing*. Pennsylvania: Dowden. Hutchinson & Ross, Inc. 3-24.

51. Olds, A.R.(2001). *Child Care Design Guide*. The McGraw-Hill.

52. Palmer, Sue(2006). *Toxic Childhood: How the Modern World is Damaging Our Children, And What We Can Do About It*. Orion.

53. Richman, N.(1974). *The effects of housing on pre-school children and their mothers*, Developmental Medical Child Neurology, 16, 53-58.

54. Saegart & Evans.(2003). *Poverty, Housing Niches, and Health in the United States*. Journal of Social Issues.

55. Scott, William B.(2002). Aviation and Space Techonology Journal, 6 May 2002.

56. Steinitz, Carl(1968). "Meaning and the Congruence of Urban Form and Activity." AIP.34(4): 233-248.

57. Sumathi Reddy, *Playing It Too Safe?-New Playground Gear Promotes Risk-Taking to Boost Fitness And Brain Development*, THE WALL STREET JOURNAL, Nov.19.2012.

58. Thompson, W.R. & Grusec, J. (1970). Studies of early experience. In P.H. Munssen(Ed.). Carmichael's Manual of Child Psychology(3nd ed.) N.Y.: Wiley. 565-654.

59. Wachs, T.D. (1979). The development of effective child care environments: Contributions from the study of early experience. Children's Environments Quarterly. 6(4).

60. Wachs, T.D.& Gruen, G.E.(1982). *Early Experience and Human Development*. N.Y.: Plenum.

61. Winnicott, D.W. Cited in Lundahl, Gunilla, ed.(1995). *Hus och för Små Barn*. Arkus.

62. Wolfgang M. Auer 저, 윤선영 역(2013). *감각을 깨우다*. 서울: 창지사.

63. 逢坂文夫(1991) 最近の居住環境と健康影響との関係について, 住サイエンス, '1秋号, 33-47

저자 소개

최목화(한남대학교 아동복지학과 교수)
최목화 교수는 아동 환경에 관심을 가지고 아동학, 복지학, 건축 및 디자인 등 관련 분야 전문가들로 다학제간 연구회를 결성하여 관련 저서와 번역서, 연구 프로젝트 등을 지속적으로 수행해오고 있다. 특히 아동의 일상이 이루어지는 주거지 환경과 지역사회 환경 개선을 위한 연구와 놀이터 환경 개선 및 어린이집의 실내외 환경 연구에 노력을 기울여 왔다. 그리고 아동 환경 연구프로젝트를 수행하면서 국내와 국외(유럽, 일본, 미국, 캐나다 등) 아동교육 관련 기관의 프로그램과 환경의 관계를 규명하고 파악하며 아동의 환경 개선을 위한 새로운 패러다임을 제시하고자 노력하였다.

변혜령(사단법인 생활환경디자인연구소 부소장)
변혜령 박사는 사람(human ware) – 물리적 환경(hard ware) – 생활(software)의 상호관계에 관심을 가지고 이용자 중심의 환경 조성과 디자인 콘텐츠에 대한 연구와 저서활동을 아동 환경, 노인 환경, 유니버설디자인 등 다양한 분야에 걸쳐 활발하게 진행하고 있다. 최근에는 오랜 연구 경험과 이론을 바탕으로 실제로 아동이 건강하게 성장하고 발달할 수 있도록 생활환경과 지역사회 만들기의 실행사업을 진행하면서 아동 환경에 대한 이론과 연구결과들을 현장에 접목하고 실천적 방법들을 탐색하고 있다.

최령(사단법인 생활환경디자인연구소 소장)
최령 박사는 인간행태와 심리적 특성 및 인간존중에 기반하여 바람직한 물리적 환경과 서비스 환경 조성을 위한 유니버설디자인과 노인 환경 관련 연구 등 다양한 활동을 하고 있다. 그리고 저출산, 고령화 문제에 대한 해법으로 아이들이 건강하게 자라고 아이를 잘 키울 수 있는 환경과 지역사회 조성의 중요성과 역할을 주창하면서 실현가능하고 지속가능한 방안들을 제안하고 있다.

아동환경
디 자 인

2017년 2월 20일 초판 인쇄 ｜ 2017년 2월 27일 초판 발행

지은이 최목화·변혜령·최령 ｜ **펴낸이** 류제동 ｜ **펴낸곳 교문사**

편집부장 모은영 ｜ **책임진행** 이유나 ｜ **디자인** 김경아 ｜ **본문편집** 벽호미디어

제작 김선형 ｜ **홍보** 이보람 ｜ **영업** 이진석·정용섭·진경민 ｜ **출력·인쇄** 동화인쇄 ｜ **제본** 한진제본

주소 (10881)경기도 파주시 문발로 116 ｜ **전화** 031-955-6111 ｜ **팩스** 031-955-0955

홈페이지 www.gyomoon.com ｜ **E-mail** genie@gyomoon.com

등록 1960. 10. 28. 제406-2006-000035호

ISBN 978-89-363-1601-3(93370) ｜ 값 21,200원